小さな歌人たち

短歌はだれにでも易しい

柳原千明

溪水社

らす地人　きょう会のへや
まんまるい　ような空気が
ただそこにある

「賢治の扉　扉二」より

風が吹く　イギリス海岸

波・波・波

今日もまた来る　新しい日が

「賢治の扉　扉一」より

「ほんとうの　しあわせ」という
ことだけど　しりたいような
いらないような

「賢治の扉　扉二」より

風がふき　もみじがかさりと

まいおりる

又三郎の　気配を感じて

「賢治の扉　扉三」より

成績が　いいとはいったい
どれくらい
一〇〇点とって　いたのか神童

「啄木の窓　窓一」より

啄木は　必死に生きた
歌人です
汗も涙も　歌にあります

「啄木の窓　窓二」より

そうなんだ　空にすわると
おもってた
こころが空に　すわれるんだね

「それぞれの道　道二」より

たし算も　ひき算かけ算
わり算も
さっさとできる　オレになりたい

「それぞれの道　道一」より

るすばんの　しずかになれる
ゆうぐれに
おへやにのこる　おもちゃのボール

「それぞれの道　道二」より

鬼ごっこ　日が沈むまで

遊んだよ

明日は何を　して遊ぼうか

「それぞれの道　道一」より

風が吹く　たびに飛びちる
雪たちも
さよならぐらい　言いたいかもね

「それぞれの道　道一」より

おこられた　今かあさんに
しかられた
でもなぜだろう　かあさんが好き

「それぞれの道　道一」より

この瞬間　何も思わず
固まって
ただ何もせず　ここにいるぼく

「それぞれの道　道一」より

ゆきだるま　なんでもはなして

いいんだよ

とにかくきいて　あげたいからさ

「それぞれの道　道二」より

木のえだに　とまったとんぼに

もんだいです

７＋６の　こたえしってる？

「それぞれの道　道二」より

プレゼント　こっそりもって
くるんでしょ
こっそりわたしも　サンタさん見る

「それぞれの道　道二」より

ひまわりの　背くらべなんて
うそでしょう
空に向かって　ただ生きている

「それぞれの道　道三」より

ほんとうに　人の気持ちも
わからずに
笑ってる君　涙でゆがむ

「それぞれの道　道三」より

夏の空　やわらかに雲

浮かんでる

「あれは魚だ。」　「あっあれは熊。」

「それぞれの道　道三」より

小さな歌人たち　目次

小さな歌人たち

――短歌はだれにでも易しい――

はじめに

令和元年八月十八日日曜日。岩手日報十八面。「若さあふれる表現力盛岡短歌甲子園の県勢」の見出しが躍る。そして、次の記事に、私は釘付けになった。

花北青雲校
　題「川」
川の縁宿るモンシロチョウいつか時の長針壊してみたい　　川村純華

「川村純華」……。十年程前に担任したあのお子さんではないか。名前は、「純華」と書いて、「すみは」と読んだはずだ。しかも、この短歌の雰囲気が、「すみはさんのあの短歌」を思わせた。「すみはさんのあの短歌」とは、これである。

らす地人きょう会のへやまんまるいような空気がただそこにある　　かわむらすみは

これは、望月善次岩手大学名誉教授によって『月刊国語教育研究』No.484（日本国語教育学会）の巻頭言で紹介された作品でもある。（ご両親と「すみはさん」ご本人の了解を得て、名前と作品が載せられた。）

私は、この二つの短歌を比べ、行ったり来たりしながら、考えれば考えるほど、あの「すみはさん」に違いないと思った。新聞記事の写真には、花北青雲高校チームの三人が写っている。先鋒・中堅・大将の席に三人が着き、大将・川村純華さんが立ち上がってコメントしている。すっきりとした爽やかな横顔だ。しかし、「すみはさん」本人なのかは分からない。

翌日、岩手日報に、再び、短歌甲子園の記事。純華さんの顔写真と記事が大きく載っていた。名前には「すみは」のルビが。この生徒さんは、あの川村純華さんなのだ。純華さんが一年生、二年生の時に、いっしょに短歌をつくった思い出、純華さんが高校生になっても短歌をつくり続けている姿……。様々に思いを馳せると、「喜び」の一言では言い尽くせない、居ても立ってもいられないような感慨の波に呑まれた。そして、全く突然に、「子どもたちが作った短歌作品を残したい」と思ったのだった。

拙書は、その「突然の思い」を形にしたものである。

当初は、子どもたちの作品を歌集としてまとめることだけを考えていた。しかし、望月善次先生（現岩手大学名誉教授　以後、望月氏として記す）から、「子どもたちの作品が、どのようにしてつくられたのかを具体的に示す意味」などについて、御助言をいただき、五つの構成「Ⅰ　短歌はだれにでもつくることができる」「Ⅱ　歌集「小さな歌人たち」」「Ⅲ　「小さな歌人たち」と会う」「Ⅳ　短歌はだれにでもつくることができる　再び」「V　今　子どもたちと」とした。

「I　短歌はだれにでもつくることができる」では、まず短詩型文学における理論を紹介した。「短歌は易しい」とは、どういうことなのか。また、短歌でどんなことができるのか、などを示した。次章においては、短歌創作の授業の具体を、一年生が短歌をつくった過程、伝記的事実で短歌をつくった六年生の単元、そして、クリヤファイルのやり取りだけで短歌をつくった取り組みの順に示し、「短歌はだれにでもつくることができる」と実感した、言わば、実践的実感をまとめた。

「短歌はだれにでもつくることができる」。これを実感したのは、平成二十年度に、先の頁で紹介した純華さん、座談会に集まってくれた七人の皆さんを始め、六十二名の一年生と短歌をつくる学習をしたことに拠る。一年生との短歌創作単元は、前年度に六年生を担任し、六年生との短歌創作単元を子どもたちとともに体験したことが、繋がったものと自覚している。「六年生はあの単元で短歌をつくったけれど、一年生はどうなのだろう」「短歌を知らない一年生が、短歌をつくることができるのか」「どんな方法がよいのか」などの単純で素朴な疑問が取り組ませたと言える。

「六年生の創作方法」は題材に出会わせる手立てに、「一年生の創作方法」は短歌をつくるまでの手立てに特徴があると思っているが、平成二十一年度以降の短歌創作単元では、「一年生の創作方法」を基本に「六年生の創作方法」を子どもの学習実態に合わせて、微調整して行っている融合型ということができる。

融合型のなかで、特徴的なのは平成二十五年度に行ったクリヤファイルのやりとりだけで学年百人の子どもと短歌をつくったことが挙げられる。短歌の身軽さが可能にした取り組みと言えるだろう。

ここで述べた一年生と六年生の取り組み内容は、すでに「賢治短歌を素材とした単元『新しい賢治の世界を知ろう』―半未知情報に着目した地域文化・伝統を生かす教材の開発―」（『月刊国語教育研究』№429　2008年）、「短歌創作活動の実際―一年生が短歌を作るまでの過程を中心に―」［花巻市立花巻小学校の一・二年生で実践　第七十三回日本国語教育学会全国大会小学校部会第十一部会言語文化等発表資料　平成二十二年八月九日］、「短歌を教材とした学習は小学校全学年でできる」（『月刊国語教育研究』№484　2012年8月）、「創作　短歌・俳句・詩・物語の書き方練習と効果ある出題法」（『教育科学国語教育』№767　明治図書　2013年11月）、「『五七五七七―よんで　つくって　たのしんで』の単元計画」（『教育科学国語教育』№769　明治図書　2014年1月）などで紹介してきた。これらを加筆修正し、第一部の中心的実践内容としたことを予めお断り申し上げたい。

「Ⅱ　歌集「小さな歌人たち」」は、平成十九年度以降の子どもたちの短歌作品をまとめたものである。それ以前の作品は割愛した。歌集とするならば、意図的に作品を編む必要があろうと思ったが、創作年度順に作品群にして載せることを基本とした。作品群には題材ごとに、「賢治の扉」「啄木の窓」「それぞれの道」と小題をつけた。ちなみに「それぞれの道」は、賢治、啄木以外の題材でつくった作品群につけた小題である。

全作品の作者名はイニシャルで表記した。実名で表記したい思いもあったが、全員から了解を得ることも難しく、断念した。なお、作品には、作品群ごとに、通し番号をつけた。「Ⅱ　歌集「小さな歌人たち」」に載せた短歌作品は七二七首。作品の多くは、授業でつくった後に、全国宮沢賢治学生短歌大会、全国石川啄木短歌大会などに出品した作品や学年でつくった作品などである。子どもたちがつくった短歌作品を読んでくださり、そのよさを見つけてくださることがあれば、幸せである。

「Ⅲ　「小さな歌人たち」と会う」は座談会である。

大内さん（大内菜々子さんのお母さん）のご尽力により、一年生の時に初めて短歌をつくった当時の子どもたち七人、上野真衣さん、大久保裕太さん、大内菜々子さん、鬼柳沙奈さん、千葉海斗さん、中村勇希さん、湯川真悠さんと十数年ぶりに会う幸せに恵まれ、短歌をつくった当時のことなどを聞き、座談会形式にまとめることができたのである。また、座談会後に、アンケートにも答えていただき、それもまとめて載せた。

「Ⅳ　短歌はだれにでもつくることができる　再び」は七人との座談会とアンケート結果を踏まえて、「短歌はだれにでもつくることができる」について再考察した。七人との座談会とアンケートが、十数年にわたる短歌創作の取り組みを見つめ直し、新たな一歩を踏み出す力をくれた。

そして、「七人の歌人たち」から学んだことをもとに、現在、担任している花巻市立桜台小学校三年生の子どもたちと新たな気持ちで行った短歌創作の一端を紹介しつつ、課題を記したのが、「Ⅴ　今　子どもたちと」である。

Ⅰ　短歌は だれにでも つくることができる

一　短歌

短歌をつくる学習は経験の範囲においては主に五・六年生の学習として登場する。（六年生の小単元に位置づけられていることが多い。）だが、「短歌はだれにでもつくることができる」ことを実感したのは、担任していた一年生が短歌をつくったことによる。

一年生の担任となった私は、「去年担任していた六年生が短歌をつくったように、一年生も短歌をつくることができる？　どうやったら……」と何となく考えていた。しかし、今思えば、一年生の担任でなかったら考えなかったかもしれないし、「もし、一年生が短歌をつくったら、一年生の作品でも短歌大会に出せるのかな」程度の思いつき、いや、妄想みたいなものだったようにも思える。

にもかかわらず、一年生は短歌をつくった。（あの時の子どもたちの様子は今も鮮明に脳裏に焼き付いている。ルンルンと歌でも歌っているようだった。）そして、一年生が短歌をつくったことが、「短歌はだれにでもつくることができる」という実感につながったのである。

この時、私は初めて気づいたのだ。「一年生も短歌をつくることができた」ということは、「どの学年の子どもにも短歌はつくることができる」ということであり、それができるのは、「やっぱり『短歌は易しい』ということなのだ」ということに。無自覚の自覚だったとも言える「分かっているつもりの『短歌は易しい』」ということが、一年生が短歌をつくった事実によって、初めて自覚化されたと言えるのだ。
この「短歌は易しい」という短詩型文学における理論が、望月善次氏によるものである。
では、この理論はどういったことなのか。

1　短歌は黄金詩型

望月氏は短歌・俳句について次のように述べている。

「短歌と俳句に代表される『日本短詩型文学』は日本が輸出できる数少ない文化の一つである」（『月刊国語教育研究』No.484　２０１２年８月、６―７行）とし、さらに、日本短詩型文学が「『黄金詩型』であり、日本文化の上に下った『恩寵詩型』だとしか言いようがない（同20―21行）」

氏は右に示した論文を始め、至る所で、短歌や俳句の定型、すなわち日本定型短詩が、「黄金」とたとえられるほどの「詩型」であり、「『世界文化に貢献できる黄金詩型』であるとしている。短歌を含む日本定型短詩は、世界に誇ることができる日本の文化の一つであり、ひいては、世界の文化を豊かにすることにさえつながるものであることを氏は指摘しているのだ。

では、短歌の何が「黄金詩型」なのであろうか。それを氏は、「易しい詩型」だからであるとしている。（「提案2『短歌』は、日本文化が世界に誇ることができる文化で、しかも『易しい』詩型である」〔短詩型の創作指導の意義と方法　秋期学会　第117回　愛媛大会〕『国語科教育』第六十七集　全国大学国語教育学会　2010年3月、7―8頁）

そして、「易しい詩型」である理由をつぎのように述べている。

では、なぜ短歌を含む「日本定型短詩」は、世界文化に貢献できる黄金詩型と言えるのであろうか。「易しい詩型」だからである。韻（音）律（数）のうち律（数）のみの詩型だからである。しかも、短歌の場合、俳句のような「季語」のような制約もない。多くの学校現場で、碌に指導もせずして宿題でも作らせても何とかなったり、留学生に教えても割合簡単にできてしまうのは、その一つの証左である。

日本の文化が生み出した日本文化の一つである短歌は、律（数）だけであること、季語などのような制約がないことの二つの「易しさ」によって世界に誇れる「黄金詩型」であることを述べているのだ。これを初めて知った時、「短歌は、自由だったんだ」と私は思った。そして、この思いは、短歌に対して正反対の思いを持っていたことの裏返しにもなるのだ。このことについては、「短歌・俳句指導の留意点」「短歌は自由自在」の項に記し、考察を加えた。

2 短歌は易しい

「短歌は、律（数）だけであること」とは、どういうことか。簡単に言えば、五七五七七だけだということだ。

望月氏は次のように説明している。

「短歌という詩型がなぜ易しいのか。」を少し理論的に言うと、短歌は、五七五七七という韻律（音の種類と音の数）」のうちの「律（音の数）」の制約しかないからである。俳句における「季語」のような「一筋縄では行かない」ものを持っていないからである。五七五七七は、「五音」、「七音」を基本とした「五つの組み合わせ」である点が重要なのである。（『教育科学国語教育』No.769 2014年1月、51頁）

つまり、「律（音の数）」の制約しかないということは、短歌は五七五七七だけであるということなのだ。

(1)　短歌の定義

また、氏は、短歌の定義について、次のようにまとめている。

先ず、短歌の定義について記す。

「五音七音を基本とした五七五七七の五つの積み重ね」というのが、筆者本来の主張である。「五音七音」を基本とすることと、それが「五七五七七」の「五つの積み重ね」によっていることの三つがその核心である。

例えば、「わたくしは崔華月（ツイ・ファユエ）です。日本的読み方ならばサイ・カゲツです。」という一見散文に見がまう文章は、「わたくしは／崔華月（ツイ・ファユエ）です。／日本的／読み方ならば／サイ・カゲツです。」と五音七音を基本に五つに区切った時に「短歌」となるのである。こうした「短歌認定」の問題は、その作品の質云々とは別のレベルの問題である。そうした点から言えば、かつて塚本邦雄などによっても提唱された五七五七七の全体音数31音による「三十一文字（みそひともじ）」の呼称は、厳密に言えば間違いである。（『国語科教育』第六十七集　全国大学国語教育学会　2010年3月、7―8頁）

ちなみに、作品中の「崔華月」さんは中国からの留学生。岩手大学の望月研究室で学んでいた方である。

その崔さんがつくった短歌を例に、短歌の「五つの積み重ね」の具体として挙げているのだ。

さらに、氏は、著書『啄木短歌の読み方　歌集外短歌評釈一千首とともに』（信山社　2004年5月、41―42頁）において、次のようにも記している。

ある文章は、「五七五七七」の短歌定型に即して読まれた場合（坂野信彦の言う「律文読み」）、初めて「短歌」と認定されたことになる。次の文章を一読されたい。

私（わたくし）は崔華月（ツィ・ハユェ）です。日本的訓み方ならば崔華月（サイ・カゲツ）です。

（国際啄木学会台湾・高雄大会で、筆者と共に「記念講演」を行った）中国からの留学生崔華月が、自己紹介をしている場面などを想定してもらえばよい、「散文的な文言」である。「散文的な文言」も、次のように五七五七七に即して読めば「短歌」となるのである。

私（わたくし）は〔五〕崔華月（ツィ・ハユェ）です。〔七〕日本的〔五〕訓み方ならば〔七〕崔華月（サイ・カゲツ）です。〔七〕

崔華月の場合では、「短歌」としての質を云々したい人には次の例を示しておこう。

ハンバーガーショップの席を立ち上がるように、男を捨ててしまおう。

「ように」の後に勝手に読点を加えたのは引用者であるが、俵万智が、この作品を『サラダ記念日（P. 23）』に収めていることをご存じの各位もあろう。「短歌定型論」からの物言いをすれば、どこかの段階で、次のような『短歌』認定がなされて、初めて歌集『サラダ記念日』へ収めることが可能となるのである。

ハンバーガー〔六〕ショップの席を〔七〕立ち上がる〔五〕ように男を〔七〕捨ててしまおう〔七〕

短歌は、五音と七音で五七五七七の「五つ」になっていれば、「短歌」なのである。作品の質とは別の問題だとしているのだ。

このことを踏まえれば、子どもたちに、「短歌は簡単です。五七五七七にするだけでいいのです。」と教えることができる。そして、もし、子どもたちが、つくった短歌が五七五七七の五つに積み重ねられていたならば、「五七五七七になっているね。短歌をつくることができたね。」とほめることができるのだ。短歌は、本当に易しい詩型なのである。

しかし、往々にして、子どもが五七五七七にした作品を目の前にすると、内容について、いらぬ励ましのような助言のようなケチをつけてしまうことがあるのだ。これが、子どもの創作意欲を削いでしまうのだと思う。無論、子どもとの話し合い方次第であろうとは思うのだが……。また、つい、内容にケチを入れたくなる理由もあると思っている。それについては、20－23頁をご参照いただければ幸いである。

(2)　五音七音の必然性

短歌を構成する五音と七音について、氏はその必然性についても次のようにまとめている。

基本となる「五音・七音」の必然性は何によるか。詳細は、坂野信彦〔『七五調の謎を解く―日本語リズム原論』（大修館書店、1996年）〕によられたいが、〈「二音一拍、四拍」の日本語の性質による「余裕」を生み出す装置〉なのだというのが、坂野を踏まえて現在筆者が至っているところである。

この五音七音の必然は、文語（古語）によるものではない。当然現代語、外来語、方言を包含する。

一例として宮沢賢治の方言短歌、〈「何の用だ」「酒の伝票」「誰だ。名は」「高橋茂吉」「よし来たり。待で」〉〔宮沢賢治、歌稿〔A〕大正五年十月中旬より415〕の場合を挙げておこう。

坂野信彦は、日本語の性質では発話の最小単位が「二音」であることを踏まえた上で、「二音一拍、四拍」で一定のリズミカルな文＝律文が生まれるとし、八・八、八・五、経文、声援、童謡などありとあらゆる様々な形式の音律を分析し、「けっきょく、どのように工夫してみても、七音・五音以外の音数を定型化させることはできないのです」（同前掲書72頁）と指摘している。

では、なぜ、七音・五音なのか。

坂野はその理由に「一音ぶんの休止」を挙げ、次のように結論づけている。（同前掲書85―86頁）

けっきょくのところ、七音と五音の優位性をもたらしたものは、たった一音ぶんの休止なのでした。この一音ぶんの休止の効能を箇条書きにまとめておきましょう。

一、句にまとまりと変化をもたらす。

一、リズムの歯切れをよくする。

一、句をつくりやすくする。

一、打はくの破綻を防止する。

前三項は相対的な要件、最後の一項は絶対的な要件です。これだけの利点をそなえた七音と五音に、はたしてどんな音数が対抗できるでしょうか。

「黄金詩型たる短歌が易しいこと」「短歌の定義」「五音七音の必然性」について十分に説明しつくせないもどかしさが残った。しかし、望月善次氏による短歌に代表される短詩型文学における最先端の理論があって、私は、子どもたちと短歌を介した学びができたことを記し、この項を閉じたい。

(3)　短歌・俳句指導の留意点

氏は、『「石川啄木短歌」「坪内捻典俳句」他教材研究と全授業記録』（『実践国語研究別冊』No.162　明治図書　1996年、24頁）において、「キーワード　自由に、気楽に、どこからでも」とし、短歌・俳句指導の留意点を次のように述べている。

学校教育における短歌・俳句指導における最大の留意点は何か。それは、短歌・俳句だといって構えずにとにかく気軽に、自由にこれに戯れることである。（中略　柳原）従来、ともすれば、伝統詩型という重み、名歌・名句を中心とした教科書収載作品などの影響が短歌・俳句に自由に戯れることを拒んできたのである。

氏が、下線部の指摘をして、数十年の月日が経っている。学習指導要領も二度変わり、平成二十・二十一年告示板では小・中学校の全学年（小学校では二学年ごと）および高等学校に伝統的な言語文化と国語の特質に関する事項「伝統的な言語文化」が設けられ、平成二十九・三十年告示版では、「我が国の言語文化に関する次の事項を身に付けることができるよう指導する。」とあり、三・四学年において、「易しい文語調の短歌や俳句」といった表現で、「短歌」について初めて示されている。

私は今、花巻市立桜台小学校の三年生を担任しているのだが、初めて短歌に出会う三年生の教科書に短歌として収載されているのは左の四首の和歌である。

むしのねも　のこりすくなに　なりにけり　よなよなかぜの　さむくしなれば　良寛

秋来ぬと目にはさやかに見えねども風の音にぞおどろかれぬる　藤原敏行

奥山に紅葉踏み分け鳴く鹿の声聞く時ぞ秋は悲しき　猿丸太夫

天の原振りさけ見れば春日なる三笠の山に出し月かも　安倍仲麻呂

和歌を否定するのではないが、この収載作品には驚きとともに残念無念といった思いだった。三年生に短歌の「易しさ」は伝わらない。それどころか、指導する教員にも、「短歌は難しい」といったイメージを与えてしまうことにつながる。さらには、先の頁（18頁）で示したように、子どもが、せっかく五七五七七にして短歌をつくって持ってきたとしても、諸手を挙げてほめてあげられない要因の一つにもなると考えるのだ。数十年前の課題は依然として、残ったままであることを目の当たりにしたのである。

しかし、気を取り直して、再び、氏の節を引用し、指導の留意点についてすすめていくことにする。きっと元気がでるだろう。

> 学校教育における短歌・俳句指導における最大の留意点は何か。それは、短歌・俳句だといって構えずにとにかく気軽に、自由にこれに戯れることである。（中略　柳原）従来、ともすれば、伝統詩型という重み、名歌・名句を中心とした教科書収載作品などの影響が短歌・俳句に自由に戯れることを拒んできたのである。（中略　柳原）短歌・俳句の関わり方はもっともっと気楽で、もっと自由でよいのである。（中略　柳原）もう一度結論を繰り返すことにする。
>
> 紹介的授業を手始めとせよ。
> 何でも気楽に、自由に、できるところから行え。

「短歌は易しい」。そのうえ、「簡単だから、四の五の言わないで、まず、やってみて」とあっさり言い切っているのだ。ありがたい。「それじゃあ、やってみようか」という気楽な気持ちになる。「まず、やってみよう」「それじゃあ、やってみようか」で行うことができる気軽さが、短歌にはあるということになる。

では、何でも気楽に、自由に、できるところから行える具体例を次の項で紹介していこう。

3　短歌は自由自在

「それじゃあ、やってみようか」と言って、短歌を学習材とした授業をする時、おそらく多くの人が、最初は「短歌は難しそうだ」と思うが、授業後には「短歌は自由自在だ」と感じるのではないだろうか。短歌が身軽だからである。いや、短歌の身軽さを実感するからである。では、身軽さと何か。五七五七七だけでいいということだ。ここでまたしても登場だ。「五七五七七だけでいい」「だから易しい」。「短歌は易しい」のだから、構えずに、「何でも気楽に、自由に、できるところから」授業をしてみようと考えると、短歌に「しやすさ」があることに気づく。しやすさイコール身軽さだ。同時に、この身軽さを生かすと、短歌が自由自在に学習材として成り立つことが見えてくる。

では、「しやすさ」を示しながら、五つの例を紹介したい。

一つ目の「しやすさ」は、短い時間で学習しやすいということ。だから朝学習などの帯時間や朝や帰りの会などの隙間の時間に作品をまるごと読んだり、作ったりすることができるのだ。朝学習の始めの「今日の一首」朝の会の「おはよう音読」だけでなく帰りの会の「さよなら音読」も取り組みやすいものだった。こういったことが、なぜできるのか。短歌が五七五七七だけだからである。引き合いに出すことを許してほしいのだが、物語だったら、なかなかそうは行かない。

二つ目は、音読や暗唱がしやすいということ。読むだけで、短歌の特徴である五七五七七のリズム（律）が分かる。手拍子や体の動きなどを使って体感させることもできる。作品まるごとが短いから、何度か音読したら、まるごと暗唱することもできるのだ。

再三、引き合いに出すことをお許し願いたいのだが、例えばこれが物語なら、まるごと暗唱などできない。もちろん、作品をまるごと音読することはできる。けれども、何度も作品まるごと音読するとなると、時間が必要になり、気軽さからは遠のいてしまう。また、心に染みた物語の一文や一節を覚えていたりすることはあっても、作品まるごと暗唱することなど、だれも授業に取り入れようとは考えないだろう。作品の長短によって生かし方が異なってくるのである。短歌は短いから作品まるごとを読んだり暗唱したりしやすいのである。

また、読んだり、暗唱したりして、五七五七七のリズムを体感し、覚えると、短歌をつくるときに困り感が少ないことも実践してみて分かったのだ。

三つ目は、子どもにとって一作品がつくりやすいということ。

繰り返すが、短歌は五七五七七だけである。五七五七七にするだけで一作品（一首）できるということだ。

例えば、家庭学習の時間に一作品つくることは難しくない。他の教科の学習とも並行してできる。でも、もし、物語や説明文を書くことが家庭学習の内容にあったら、子どもたちにとって容易なことではないだろう。短歌なら何度もつくれるのだ。そして、つくればつくるほど、その子らしい味わいが出てくるのも短歌である。まさに「習うより慣れよ」なのである。

四つ目の「しやすさ」は、紹介しやすいこと。

学級の子どもたちの作品を一首ずつなら、一枚にさっと書いて紹介することもできる。だが、物語を丸ごと暗唱したり、自作の物語を全部紹介しあったりすることは、たやすくない。この「紹介しやすさ」が歌会・句会につながっている。

最後の「しやすさ」は組み合わせやすいこと。

まず、作品の組み合わせ。同一歌人の複数作品で鑑賞することはもちろんのこと、複数歌人の作品を複数読んで鑑賞することができる。

次に、学習活動の組み合わせ。歌会（歌会については次章も参照されたい）が典型例なのだが、音読する・読み取る・書く・話し合うなどの活動を組み合わせやすいのである。また、短歌を作る学習活動はもちろんのこと、短歌をつくった経験を物語や説明文の読解にも生かすことができるのである。かつて、「動物とくらす」という説明文の段落ごとの要点や感想を短歌で表す方法を試したことがある（「『動物とくらす』の授業実践―短歌創作の組み合わせと再読―」〔盛岡市立桜城小学校で実践〕『実践国語研究』No.258：２００４年８・９月号　明治図書　２００４年　で発表）。読み取ったことを短歌に表すことも感想を短歌にすることも四年生の子どもたちにできたことのみ、ここでは記しておこう。

五つの例をあげたが、いずれも短歌の身軽さが、「しやすさ」を生んでいる。これ以外にも、様々な学習活動を構成することができるだろう。短歌の身軽さは、まさに自由自在なのだ。そして、この自由自在な学習材であるからこそ、短歌を教材とした学習は、どの学年でもできると指摘したいのである。

4　短歌はだれにでもつくることができるのか

結論を言えば、短歌はだれにでもつくることができるのだ。

なぜなら、「短歌が易しい」からであり、実践的な立場から言えば、短歌はだれにでもつくることができるということを、次章で記した一年生が表したと言えよう。短歌を一年生がつくったということは、小学校においては、全学年の子どもたちがつくることができると考えられることになる。そして、一年生がつくったということが、現行の指導要領のように学年に特定して短詩型文学を指導するのではなく、全学年で短詩型文学を学び、指導する必要があるという考えに至らしめるのである。

短歌はだれにでもつくることができるということは、短詩型文学の学び、指導の在り方を今一度考えることにつながると思っている。力が入りすぎただろうか……。

二　一年生がルンルン短歌をつくる

「ルンルン」などという言葉を耳にしなくなって久しい気がするが、どうしても、あの時の一年生には、この言葉があっていると思えてならない。

六年生の短歌創作単元を実践した翌年、一年生の担任となった。短歌を知らない一年生が短歌をつくることができるのだろうか、いや、つくるためにはどんな方法があるのだろうか、いやいや、そもそも、一年生が短歌をつくることに、意味があるのだろうか……。

しかし、「案ずるより産むが易し」。一年生は短歌をつくった。

私なら、うんうんうなってつくる短歌なのに、まるでルンルンと弾むように、短歌をつくった。（厳密には、そう見えた。）六年生のように、一年生が歌会もした。短歌は、一年生にもつくることができるということに、初めて、気づかされたのだった。そして、このことから「短歌はだれにでもつくることができる」ことを知ったのである。

では、一年生の子どもたちが、どのようにしてルンルンと短歌をつくったのかについて紹介したい。左記の資料を加筆修正して、述べることを予めお断り申し上げたい。

「短歌創作活動の実際―一年生が短歌を作るまでの過程を中心に―」〔花巻市立花巻小学校の一・二年生で実践　第七十三回日本国語教育学会全国大会小学校部会第十一部会言語文化等発表資料　平成22年8月9日発表〕

「短歌を教材とした学習は小学校全学年でできる」〔特集　短詩型文学の読み・書き指導〕『月刊国語教育研究』No.484（日本国語教育学会、2012年8月）

「『五七五七七―よんで　つくって　たのしんで―』の単元計画」〔言語活動で貫く単元計画アイディア45例　詩歌の事例→1次案から完成案までの修業ストーリー若手の実践プラン〕『教育科学国語教育』No.769（明治図書　2014年1月）

次頁以降に、一年生が短歌をつくるまでの過程をいささか、くどくど述べていくことになるが、結局のところ、次のことに収束する。

短歌は一年生にも、だれにでもつくることができる。　そのためには
◎声に出して読んで、
◎作って、
◎互いの作品を読み合って、
◎感想を伝え合って、

◎またつくる。これを何度も積み重ねればよい。
そして、これが何度でもできるのは、短歌がだれにでも易しい形式だからである。

1　一年生は並べるのが好き　―発達段階に見られる「順序性」との関わり―

五・七・五・七・七の定型は短歌最大の特徴である。季語のような制約もない。

この定型が一年生には「壁」になるだろうと予想していた。しかし、予想は覆された。むしろ、五・七・五・七・七の定型は「壁」ではなく、一年生の児童にとっては「ツボ」だった。一年生の子どもたちは律儀に五・七・五・七・七と言葉を並べるのである。

なぜか。それは、一年生の発達段階特有の「順序性」が短歌の順序性つまり定型とあうからだと考えている。一年生には、順番に行動したり、順番に考えたりするのを好む特徴がある。例えば、積み木などを渡したり、置いておいたりすると、無意識に、背の順に並べたり、大きさに合わせて順に重ねたり、数えたりすることや算数の学習で、思わず手指を使って足したり、引いたり、あるいは「数え足し」をして安心したりすることなども一例として挙げられよう。こういった一年生もしくは低学年ならではの特徴が、短歌最大の特徴である五・七・五・七・七の定型を「壁」にしないのである。（もしかしたら、指導する側が想像する以上に、子どもたちにとっては心地よいのかもしれない。）

一方、中・高学年になると、短歌の定型を理屈として理解できるようになる。しかも、後述するが、「定型の韻律に慣れる音読などの学習活動」や「どんな内容でも、五・七・五・七・七になっていれば短歌として成立する、だから、簡単だという学習」を経験していると、さらに近道になると実感している。

短歌の定型は「壁」にはならず、低学年には「ツボ」になる。定型こそ短歌の取りかかり、ドアノブみたいなもの。そこから短歌の扉が開かれていくのだ。「短歌を教材とした学習が全学年でできる」根拠の一つ目である。

この「順序性」について、渡辺雅子氏の著書をもとに少し述べたい。

氏は著書『納得の構造―日米初等教育に見る思考表現のスタイル―』（東洋館出版社　二〇〇四）で、日米の小学生の作文とその指導について「叙述の順番」を手がかりに、比較分析し、「日本の児童の作文構造は、すべての出来事を起こった順番に述べていく、時系列のスタイルが主流である。書く目的が違っても、日本の児童の基本的な作文構造は変わらない」（前掲書34頁）、しかも、作文が「大変似通って」（前掲書87頁）いると指摘した。

こういった現実に至る要因について、詳しくは著書をお読みいただきたいが、氏は「自由のイメージがあるアメリカ」では「個人の主張」つまり、「自由を表現する前提」として「徹底的に様々な様式」を教え、「規範を模倣させる」が、一方、日本では「自由に」「感じたまま」に書くよう指示するも「様々な様式や規範を教えない」。「選択肢がないので多様性が生まれにくい」としている。氏は、これを「規範の模倣から生まれる多様性と、選択なき自由から導かれる類似性」とし、「自由と規範が生むパラドックス」と呼んでいるのだ。

さらに氏は「しかし、日本でも和歌などに見られるように、伝統的な個性・想像力は、規範の徹底的な模範が基礎になっている。現代の国語教育で忘れられているのはこの規範、あるいは形式を体得する訓練であろう。」（同前掲書88頁）と指摘している。

私は氏の論に勇気を得た。教室の片隅に追いやられているかのような短詩型文学。それを様式の一つとして子どもたちが表現する新たな意味を見いだした気がしたのだ。30頁から示した「順序性」は、観察による私の怪しい直感を発達段階の観点から考えたものだが、教室にある「順番に述べていく」土壌を、それならば、生かさない手はないと考えるのである。

2　一年生は、いつ、短歌作品に出会うとよいのか

一年生に、短歌作品を出会わせるのは、いつがよいかと問われれば、現段階での結論はこうである。

「ひらがなの読み書き学習が、ある程度の定着を見せる時」。具体的には、二学期第一週。この時期なら、短歌作品に出会い、音読導入時期にふさわしいととらえている。理由は二点。

一つ目の理由は、再び「順序性」との関わりによるものだ。

二学期第一週あたりの時期は、ひらがなの読み書きを一学期に終え、夏休みに日記を書く学習を経て、読んだり書いたりする学習に、ある程度の定着を見せる時期である。

一年生の子どもは、特に初期段階では、同教科の異質内容の学習を並行して行うことが苦手である一方、順番に学習を積み重ねていくのが得意なのだ。くどいようだが、発達段階特有の順序性が優先しているためだと考えている。もし、一学期のひらがなの学習が真っ最中の時期や音読の取り組みを始めた時期に、短歌作品と出会わせ、音読をさせていたら、子どもに自然な取り込みができるか疑問である。従って、現段階では「ひらがなの読み書き学習以降で、ある程度の定着を見せる時期」を適切とするのである。

二つ目は、一学期（筆者の場合、ひらがなの読み書き学習が終わった六月）から始めていた音読の取り組み（一週間一編の詩を音読・暗唱する）に新しい要素を加える時期としてふさわしいと考えたからである。二学期以降の音読の取り組みは、一週間に詩一編、短歌一首を朝の会、家庭で音読し、学期に一〜二回の音読発表会（実質は暗唱大会）を行った。二学期になると子どもたちは一週間に一編の詩と短歌一首を暗唱していった。低学年の子どもには暗唱する圧倒的な力がある。あっという間に諳んずるようになるのだ。まさに「習うより慣れろ」「門前の小僧習わぬ経を読む」であった。

三　短歌をつくる三つの段階

短歌をつくる過程に三つの段階があることに気づいた。

一　短歌の下地をつくる段階（音読・暗唱で短歌の韻律（厳密には律）を体感する段階）

二　短歌をつくる段階＝　六つの手立て

①これも短歌／身の回りの題材でつくった短歌を子どもに示す
②五七五七七の確かめ／五七五七七の定型を確かめる
③題材／何をもとにつくるのか短歌の題材を知る
④言葉みつけ／五と七で表せる言葉をみつける
⑤言葉選び／定型に合わせて五と七の言葉を選び、五七五七七に分けて印刷されたプリントに書く
⑥短歌カウンセリング／「短歌カウンセリング」を経て清書する

三　短歌を読み味わい、歌会をする段階

「短歌の下地をつくる段階」「短歌をつくる段階」「短歌を読み味わい、歌会をする段階」の三つである。「短歌の下地をつくる段階」は短歌を音読・暗唱し、短歌の韻律（リズム）に慣れる段階。「短歌をつくる段階」は定型に合わせて短歌をつくる段階。「短歌を読み味わい、歌会をする段階」の中心は歌会である。

一見、小難しそうに分けられた三つの段階のように思えるが、なんということはない。声に出して読んで、慣れてきたら、つくって、つくったら互いの作品を鑑賞しあって、またつくる、という積み重ねのことをさしている。「なんだそんなことか」と思っていただけると嬉しい。

1　短歌の下地をつくる段階（音読・暗唱で短歌の韻律（厳密には律）を体感する段階）

(1)　一年生にも合う口承性―音読・暗唱に生かし、短歌の韻律を体感させる―

この段階は、短歌の韻律（リズム。厳密に言えば「律」）に慣れる段階である。

短歌には五音・七音・五音・七音・七音（三十一音）の韻律（リズム）がある。これに慣れることが短歌の下地をつくるととらえた。そのためには、音読・暗唱することがよいと考えた。「口承性」を最大限に活かせると考えたからだ。

短歌一首を音読するなら三十秒もあればいい。口伝えで教えることもできる。口伝えで教えるならば、子どもにテキストがなくてもできる。毎日、一首を一分も音読すれば、いつの間にか（一週間もあれば）暗唱してしまう。遊びながらでも、クイズ形式でもできるのだ。とにかく、理屈ぬきで、気楽に声に出して読めるのだ。読めば短歌の定型を自然に体感できる。短歌の韻律を体感する。それが短歌の下地つくりだ。低・中・高学年の実践を通して得た結論でもある。これが物語などの文章量の多い作品で行うとなると、なかなか難しい。口承性の高い、一首三十一文字（三十一音）で一作品の短歌だから、作品丸ごとを短時間で、簡単に、音読したり、暗唱したりすることができるのである。俳句なども同様のことが言える。つまり、口承性の高い短詩型文学作品に共通して言えることであろう。

繰り返すが、三十一文字、三十一音の韻律の特徴を体感させる方法は声に出して読むことにある。口承性の高い短歌だからこそ様々な工夫もでき、どの学年でもできる。短歌が、「だれにでもつくることができる」根拠の一つでもある。

⑵　一年生が暗唱した二十首

では、一年生に、どんな短歌作品をどのような観点で選び、音読させたのか、紹介していこう。

ア　基本として定型である作品

短歌定型の韻律を実感させるために、選んだのは、まず、定型であることだ。定型の韻律を体感させたいのだから、定型をくずしていない短歌を選ぶのはごく自然なことである。しかし、五・七・五・七・七のどこかが六音や八音になっていてもリズムの破綻を感じさせない、定型感を感じられる作品であれば、音読させても全く支障が無い場合もある。

一例を挙げると、次の一首の三句は、六音、四句は八音である。

ふるさとの／山に向かひて／言ふことなし／ふるさとの山は／ありがたきかな

しかし、音読すると、「なし」にひとまとまり感があってリズムの壊れをさほど感じさせない。四句もリズムの壊れをあまり感じない。定型通り「ふるさとの山／ありがたきかな」のほうが定型ゆえの一拍分の間ができ文脈的な違和感がある。「……は～」のような表現の時は、読み手にはリズムより文脈が優先するためではないかと筆者自身は考えている。こういった作品で、しかも、親も知っているような作品、子どもに知らせたいと思う作品であれば定型を体感させるための違和感はない。

特例を挙げたが、五七五七七のリズムを体感させたいのだから、定型の作品を取り扱うのが大原則である。

イ　親と子どもが共有感をもてる作品

定型に加えて、大人（親）も知っているような短歌作品を選ぶことも効果的であることを付け加えたい。親子で共有感が生まれ、家庭内のコミュニケーションツールとなるからである。事実、この効果は予想以上のものだった。家族で暗唱しあう様子なども見られたのはその一例でもある。

暗唱する短歌作品には、岩手、いや日本が世界に誇る啄木短歌に、宮沢賢治や俵万智などの短歌を織り交ぜながら、どの学年でも短歌の暗唱に取り組んでみたが、どの学年においても同様のことが言えた。ちなみに低・中・高学年ともに、二十首以上三十首未満の範囲で暗唱できることも付記しておきたい

当時の一年生の子どもたちが暗唱した短歌とその提示順は、平成二十三年度日本国語教育学会全国大会において、すでに示した。啄木短歌が中心作品であったが、途中に、俵万智作品と寒川猫持作品を一首ずつ取り入れた。啄木の他にも短歌作品があることを知らせるためであった。（子どもに提示した二十一首には、五七五七七ごとにスラッシュを入れ、必要に応じてルビを振った。）前半は、啄木短歌の代表作品。中盤以降は、選歌の観点をアのみとし、ともに学年を組んでいた旧姓畠山奈子教諭と交代で啄木短歌を選び、子どもに提示した。子どもたちが短歌をつくり始めたのは八、九首目「晴れし空」と「ズルズルと」の週になる。次年度、二年生になってからは、啄木短歌に、賢治短歌、他四人の歌人の作品も加えて取り組んだ。以下に、一年生が二学期以降に暗唱した全短歌作品を提示した順に載せる短歌作品を子どもに提示した順に載せる。（※は二年生でも取り扱った短歌を表す。）

一年生

不来方の／お城の草に／寝ころびて／空に吸はれし／十五の心
やはらかに／柳あをめる／北上の／岸辺目に見ゆ／泣けとごとくに
かにかくに／渋民村は／恋しかり／おもひでの山／おもひでの川
盛岡の／中学校の／露台の／欄干に最一度／我を寄らしめ
ふるさとの／山に向かひて／言ふことなし／ふるさとの山は／ありがたきかな
東海の／小島の磯の／白砂に／我れ泣きぬれて／蟹とたはむる
ふるさとの／訛なつかし／停車場の／人ごみの中に／そを聴きにゆく
晴れし空／仰げばいつも／口笛を／吹きたくなりて／吹きてあそびき
※ズルズルと／バックしている／にゃん吉は／なぜか金魚が／恐いのでした　**寒川猫持**
汽車の窓／はるかに北に／ふるさとの／山見え来れば／襟を正すも
しらしらと／氷かがやき／千鳥なく／釧路の海の／冬の月かな
何となく／今年はよい事／あるごとし／元日の朝／晴れて風無し
その昔／小学校の／柾屋根に／我が投げし鞠／いかにかなりけむ
※白菜が／赤帯しめて／店先に／うっふんうっふん／肩を並べる　**俵　万智**
草に臥て／おもふことなし／わが額に／糞して鳥は／空に遊べり

霧ふかき／好摩の原の／停車場の／朝の虫こそ／すずろなりけれ
吸ふごとに／鼻がぴたりと／凍りつく／寒き空気を／吸ひたくなりぬ
ふるさとの／停車場路の／川ばたの／胡桃の下に／小石拾へり
ちよんちよんと／とある小藪に／頬白の／遊ぶを眺む／雪の野の路
しつとりと／なみだを吸へる／砂の玉／なみだは重き／ものにしあるかな

二年生（■は宮沢賢治作）

■中尊寺／青葉に曇る／夕暮れの／そらふるはして／青き鐘鳴る
■そらいろの／へびをみしこそ／かなしけれ／学校の春の／遠足なりしが
ひさかたの／光のどけき／春の日に／静心なく／花の散るらむ　**紀友則**
■ほしもなく／いさり火もなく／きたかみの／こよひは水の／音のみすなり
あかねさす／紫野行き／標野行き／野守は見ずや／君が袖振る　**額田王**
ピストルの／音いっせいに／スタートを／きる少女らは／風よりも風　**俵　万智**
石崖に／子ども七人／腰かけて／河豚を釣り居り／夕焼小焼　**北原白秋**
※晴れし空／仰げばいつも／口笛を／吹きたくなりて／吹きてあそびき
※やはらかに／柳あをめる／北上の／岸辺目に見ゆ／泣けとごとくに

馬鈴薯の／うす紫の／花に降る／雨を思へり／都の雨に
■碧びかり／いちめんこめし／西ぞらに／ぼうとあかるき／城あとの草
京橋の／滝山町の／新聞社／灯ともる頃の／いそがしさかな
あはれ我が／ノスタルジヤは／金のごと／心に照れり／清くしみらに
しつとりと／なみだを吸へる／砂の玉／なみだは重き／ものにしあるかな
潮かをる／北の浜辺の／砂山の／かの浜薔薇よ／今年も咲けるや
■風ふけば／まるめろの枝／ゆれひかり／とまとさびしく／みちにおちたり
■停車場の／するどき笛に／とび立ちて／暮れの山河に／ちらばれる鳥
学校の／図書庫の裏の／秋の草／黄なる花咲きし／今も名知らず
■きれぎれに／雨を伴ひ／吹く風に／うす月こめて／虫の鳴くなり
■みちのくの／種山ヶ原に／燃ゆる火の／多くは雲の／なかにぞありける
■ほしもなく／いさり火もなく／きたかみの／こよひは水の／音のみすなり
■方十里／稗貫のみかも／稲熟れて／み祭三日／そらはれわたる
■雲しろく／ちぢれ柏の／高原に／よぼよぼ馬は／草あつめたり
■ほしめぐる／みなみのそらに／うかび立つ／わがすなほなる／電信柱
西風に／内丸大路の／桜の葉／かさこそ散るを／踏みて遊びき

かの年の／かの新聞の／初雪の／記事を書きしは／我なりしかな
※ちよんちよんと／とある小藪に／頬白の／遊ぶを眺む／雪の野の路
※何となく／今年はよい事／あるごとし／元日の朝／晴れて風無し
そことなく／蜜柑の皮の／焼くるごとき／にほひ残りて／夕べとなりぬ
うす紅く／雪に流れて／入日影／曠野の汽車の／窓を照らせり
或る時の／われのこころを／焼きたての／麺麭に似たりと／思ひけるかな
閑古鳥――／渋民村の／山荘を／めぐる林の／あかつきなつかし
ごおと鳴る／凩のあと／乾きたる／雪舞い立ちて／林を包めり
なみだなみだ／不思議なるかな／それをもて／洗へば心／戯けたくなれり
あたらしき／木のかをりなど／ただよへる／新開町の／春の静けさ
顔とこゑ／それのみ昔に／変らざる／友にも会ひき／国の果てにて

2　短歌をつくる段階

六つの手立て　一〇〇分でつくる

これも短歌／五七五七七の確かめ／題材／言葉みつけ／言葉選び／短歌カウンセリング

一年生が短歌をつくるために考えた手立ては、次の六つである。

①これも短歌／身の回りの題材でつくった短歌を子どもに示す
②五七五七七の確かめ／五七五七七の定型を確かめる
③題材／何をもとにつくるのか短歌の題材を知る
④言葉みつけ／五と七で表せる言葉をみつける
⑤言葉選び／定型に合わせて五と七の言葉を選び、五七五七七に分けて印刷されたプリントに書く
⑥短歌カウンセリング／「短歌カウンセリング」を経て清書する

短歌一首をつくるのに六つも手立てがあるとなると、「どこが易しいのか」と思わせてしまうかもしれ

ない。だが、一首つくるまでの行為を細分化しただけのこと。おそらく、「なんだこんなことか」と思われることだろう。六つの手立てについて、子どもたちの様子などを含めて記す。

ア　これも短歌／子どもの身の回りの題材でつくった短歌を示す

八・九週にわたる短歌暗唱期間（下地の段階）のあと、子どもたちの身の回りの題材でつくった短歌を示した。次に示した作品（畠山奈子教諭・作）を定型にそって五行に分けて提示した。

ぱれっとに
だいすきないろ
ならべたら
きらきらひかる
ぼくだけのにじ

おべんとう
だいすきなもの
いっぱいで
えがおいっぱい
げんきいっぱい

これらの作品に子どもたちは大喜びした。予想以上の喜びようであった。「ぱれっと」「おべんとう」など身近な素材が詠まれていることや子どもの生活そのものが短歌に表現されていたことが子どもの喜びにつながったと思われた。そして、この作品との出会いが「短歌と子どもたちとの距離感」を縮めたように思われた。なぜなら、ずっと啄木短歌を暗唱してきていたので、子どもたちは短歌とは啄木の作品のことだと思っていたからである。

イ　五七五七七の確かめ／提示した短歌や啄木短歌で五七五七七の定型を確かめる

定型にそって五行に分けて提示した先述の二つの作品を使って、五・七・五・七・七になっていることを確かめた。子どもたちは、そのしくみに驚き、すぐに「啄木のも？」という反応が返ってきた。そこで、今まで学習した啄木短歌数首を使って五七五七七になっているか数えながら確かめた。

この活動で、子どもが音読を通して体感してきた短歌のリズムが短歌定型によるものであることを理屈として知ったと言える。①②の活動を合わせて三〇分程度の時間で十分であった。

この後、いよいよ短歌をつくる活動となる。以下に続く「③題材／何をもとにつくるのか短歌の題材を知る　④言葉みつけ／五と七で表せる言葉をみつける　⑤言葉選び／定型に合わせて五と七の言葉を選び、五・七・五・七・七に分けて印刷されたプリントに書く　⑥「短歌カウンセリング」を経て清書する」活動を、短歌をつくるひとまとまりとして、一〇〇分程度で行った。

ウ　題材／短歌の題材を知る

「題材を何にするか」を考えるとき、もっとも大切にしていることは、「目の前の子どもたちの頭の中に、今、いちばん入りやすいものは何か」を考えることにしている。たとえば、今、最も学級の子どもたちが一生懸命取り組んでいることや学習していることにつながる物事であったり、今、子どもたちが考えていることと全く正反対の価値観であったりする活動である。それらが、子どもたちの頭に入りやすいと思っている。

では、この時の一年生は、何を題材にしたのか。それが宮沢賢治とその作品である。一年生にとって、生まれて初めての「賢治集会」（賢治の母校である花巻小学校では学習発表会として「賢治集会」が開かれ、賢治作品を題材とした表現活動が行われていた。）の取り組み真っ最中だったからである。この時、一年生は六年生と『銀河鉄道の夜』を題材とした表現の練習を行っていた。この『銀河鉄道の夜』で短歌を作り、次の題材は、『注文の多い料理店』、そして、三回目は「賢治さんクイズ」であった。

この時の一年生は賢治とその作品に終始したが、先述したような観点で題材を考えると、その時の子どもたちに合っていれば何でも題材として可能だということになるだろう。

エ　言葉みつけ／五と七で表せる言葉をみつける

短歌を初めてつくった一年生。一回目は『銀河鉄道の夜』で短歌をつくり、二回目は『注文の多い料理店』を題材にした。どちらも、かつて読み聞かせをしていたので、紙芝居を使って想起させた。この紙芝居は花巻小学校の図書室にある紙芝居である。紙芝居の場面を黒板に掲示しながら、思いつくことを五や七の言葉で表し発表させ、それを、短冊様の用紙で五はピンク色と七は水色に分けた用紙に書かせた。五の言葉と七の言葉に分けて板書した。たとえ、「きらきら」といったような言葉であっても、「きらきらと」「きらきらの」などの形にすれば五や七にすることができることを教えると、子どもたちはあっという間にたくさんの言葉を見つけ、黒板はいっぱいになった。

オ　言葉選び／定型に合わせて五と七の言葉を選び、五・七・五・七・七に分けて印刷されたプリントに書く

黒板いっぱいに集められた五と七の言葉から、筆者が、五・七・五・七・七の順に選んで短歌をつくって見せた。

子どもたちはその要領ですぐ短歌をつくろうとした。五・七・五・七・七の順に好きな言葉を選ぶ簡単な活動である。どの子もできる。五・七・五・七・七に並べるだけでよいのだから。だが、始めて少しすると、「言葉を変えてもいいか」「黒板にない言葉を使ってもいいか」などと子どもたちが言い始めた。（この経過は、どの学年の子どもたちでも同様だった。）「待ってました！」とばかりに、それを良しとし、奨励すると、子どもたちは、定型に合わせて、とにかく、どんどん五と七の言葉を選び、または、言葉を変えながら、（むしろ作りながらといったほうが正しいかもしれないが）短歌用の用紙に書いていった。

短歌用の用紙の特徴は、五・七・五・七・七の行に分けて書かせたこと。とは言え、恥ずかしいくらい

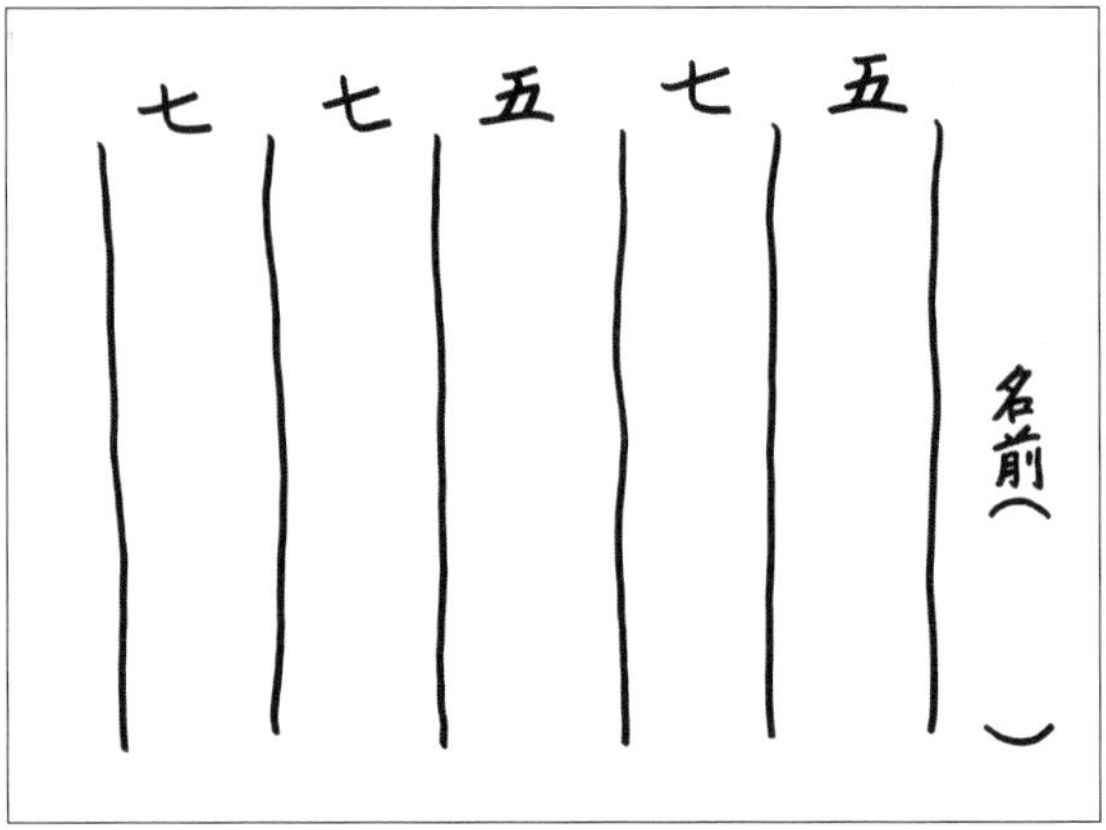

単純な様式であり、ただ定型に分けて書くだけの用紙である。（写真）

　五・七・五・七・七の言葉を選んで、用紙に書いていく活動において、一年生が突出していると感じたことがある。それは、「順序に並べること」である。すでに30－31頁でも述べたが、私はこれを「順序性」と名付けた。一年生ほど、きっちり定型に合わせようとするのだ。順番に並べることが、全く苦にならないように見て取れた。それどころか、子どもが持ってきた作品が字余りになっているのにこちらが気づかず、作品の良さをほめたら、「五じゃないのに、なぜ、いいの。」と子どもに問い返されることがあったほどである。

カ　短歌カウンセリング／「短歌カウンセリング」を経て清書する

「短歌カウンセリング」は私がつけた名前。造語である。子どもの作品を、作者である子どもと一緒に読み、子どもの「言い分や悩み」を聴くのだ。それがカウンセリングのようだと感じたから、名付けた。

ねらいは推敲。

定型にできていても、作品に納得しない子どもも少なくない。また、どうしても気に入った言葉が思い浮かばないといった子どももいる。そこで、子どもが納得する作品にするために、子どもの話をあれこれ聞いて相談相手になり、どんな言葉が合うか一緒に考え、子どもが納得する作品にし清書する活動である。

留意した点は次のようである。

A　定型になっていた場合

定型になっていることを徹底的にほめる。

B　定型・内容ともにできていた場合

特に気に入っているところ（言葉）を聴き、ほめる。

C　定型になっているが内容を検討したい場合

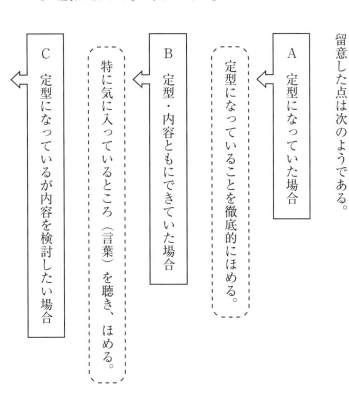

すっきりしないところ（言葉）があるかを聴く。

どんなことを書きたいのかを聴く。

↓すっきりしないところにあうような複数の言葉を例示する。

↓例示された言葉から子どもに選ばせたり、似た言葉を考えさせたり、並び替えたりして整える。

その後、清書。

定型にならない場合

どんなことを書きたいのかを聴く。

↓つくってきたものを一行に書き表し、直す。

↓一行にした短歌に五・七・五・七・七に沿ってスラッシュを入れる。

↓Cのような手順で作品を整えていく。


二年生になると、漢字で表すか、ひらがなやカタカナにするかなども聴きながら行った。一人一人と話して清書する活動なので、効率的に進める工夫が必要である。「つくった順に」というのが最も時間のロスが多いことだけは明らかである。つくった順に作品を持ってきて「カウンセリング」となると、時間のロスの象徴である「列」ができてしまう。また、できた子どもだけが持ってくることになる。そうではなくて、子どもを順番に呼んで、つくったところまでを見て、話を聴くのだ。もちろん待ち時間にどんどんつくることも活動の約束として必要である。

①から⑥で示した短歌をつくる六つの過程は、初めて短歌をつくるどの学年の子どもたちにもできた。子どもたちは一度つくると、これらの過程を省き、自分で考え、つくろうとすることも分かった。この項の冒頭で、「手立てが六つもあると『どこが易しいのか』と思わせるかもしれない」と書いた。だが、「短歌一首をつくる行為を細分化しただけのこと」「なんだこんなことか」と思っていただけただろうか。

繰り返しになるが、短歌の特徴は五・七・五・七・七の定型。俳句の季語のような縛りはない。だから、子どもが短歌をつくる時に、分かっていればいいのは「五・七・五・七・七であればいい」ということだけだ。音読や暗唱で短歌を体感している子どもであれば、下地はできているが、下地のない初めて短歌をつくる子どもであっても五と七の言葉を選んで短歌にすることは決して難しくなく、むしろ易しい。

一年生の子どもが初めて短歌をつくった時、右に示した過程を経て、学級（二十六人）の子どもの最後の一人が一首をつくり終えるまでに一〇〇分程度でできた。しかも、初めてつくった一年生の作品こそ瑞々しい。二回目からは③の手立てから、できるようになり、一単位時間で全員一首以上つくることができた。

3　短歌を読み味わい、歌会をする段階

(1)　一年生もできる歌会のすばらしさ

歌会は短歌ならではの「学習活動が総合的に組み込まれた作品鑑賞会」と言える。(俳句の場合は句会である。) まず、歌会の形式を簡単に示す。

①子どもたちの短歌作品を提示する。
(作品には番号をつけて提示。「◯番歌」のように言うことを知らせておく。五首程度が良い。作者名はこの段階では知らせない。)
②作品を音読する。
③一番好きだ、いいなと思う一首を選び、投票カードに記入する。
(投票カードといっても、B5判などのコピー用紙を四等分した程度の大きさの白紙。)

④ワークシートには、選んだ短歌の番号と理由を書く。
⑤投票カードを集め、開票する。
⑥どの短歌のどんなところがいいか話し合ったり、発表し合ったりする。
（⑤と⑥は順番が逆になっても全くかまわない。子どもが話し合ってから開票するのが、よいか、開票してからのほうが、良さを話し合いやすいか、子どもとねらいに合っている順番が大切。）
⑦作者を紹介する。
⑧歌会の感想を書き、発表しあう。

歌会を「総合的鑑賞会」としたのは、右に示したように、「聞く・話す」「読む」「書く」「話し合う」活動がすべて行われるからである。歌会には、次頁以降に示す良さ、いや、すばらしさがあり、それは、国語のみならず他教科においても取り入れられることができ、子どもが意欲的に活動するためのエキスがちりばめられていると私自身は思っている。そして、何より、短歌をつくりさえすれば、一年生もわくわくしながら学習できる形式なのである。

歌会の良さは、六つにまとめることができる。

一つ目は、歌会の後、「また、つくりたい」と子どもが思うこと。

二つ目は、どの学年でもできること。

三つ目は、若手からベテランの教員までだれにでもできること。

四つ目は、必ず盛り上がること。

五つ目は、「聞く・話す・読む・話し合う・書く」のすべてができる工夫しやすい学習活動であること。

六つ目は、複数の短歌作品をまるごと読めること。


この六つの良さについて詳しく述べたい。

ア「またつくりたい」と子どもが思う歌会

一つ目の良さは、創作意欲につながることである。

歌会をすると、子どもたちから「またつくりたい」といった声が上がる。どの学年の子どもたちでも、それは同じだった。そして、事実、歌会後の子どもたちは、どんどんつくることができるのだ。

自分たちがつくった作品を読み合って、良いところを見つけ合うことは、「次は○さんみたいな作品を作ってみたい」「今度は自分の作品で歌会ができたらいいな」などの思いを生み、歌会後の創作意欲はぐっと高くなる。めざす作品像も具体的になるのだ。

イ　どの学年でもできる歌会

ここでの結論は、見出しどおり、歌会はどの学年でもできるということ。

幸せなことに、私は、一年生から六年生、すべての学年で歌会を国語の授業に取り入れて行うことができた。平成二十六年には盛岡市教育研究会Ｄブロック授業研究会でも歌会を取り入れた授業を行い、当時は、一年生の担任であり、一年生が歌会の形式にのって、学習している様子を見ていただくことができた。

繰り返しになるが、歌会は、子どもたちとその子どもたちがつくった短歌があれば、どの学年の子どもたちにでも、読み、書き、話し合うことができる優れた学習形式なのである。しかも、音読・読むこと・書くこと・話す聞くこと・話し合うことが子どもの様子に合わせて組み立てられるため、子どもが飽きずに最後まで学習できるのである。工夫がしやすい歌会の項でも、その具体例を示したい。

ウ　若手からベテランまでだれにでもできる歌会

歌会の良さは、まだある。

それは、若手からベテランと言われる教員まで、だれにでもできるということだ。たとえば、花巻市立桜台小学校でともに五学年を組んだ千葉真名教諭は、校内の国語部会の授業研究会で、歌会を取り入れた授業を提供した。隣の学級で柳原が行った歌会を一度見ただけで、千葉教諭の学級の子どもたちにあった展開に組み込み、授業をした千葉教諭は、さすがである。また、同校で別の年度に同じ六学年を組んだ松澤春香教諭は、その当時、初任三年目であったが、授業参観日の授業に難なく取り入れた。後日、保護者から「短歌から子どもの気持ちが伝わってきた」「子どもたちがいいところを見つけ合っている様子にじんときた」という感想なども寄せられた。

エ　必ず盛り上がる歌会

歌会は何度行っても盛り上がる。

その理由の一つは、提示された短歌が無記名である要素は大きい。作者（友だち）を気にせずに、お気に入りの一首を選んだり、良いところを見つけたりしながら、作品を読むことができるのである。

開票の場面では、一票ごとに「おおっ」「○番がんばれ」などの声が教室じゅうに飛び交う。作者が分からなくても、子どもは作品に熱い声援を送るのである。何とも麗しい。

一作品ずつ作者を知らせる場面になると、開票とは異なった、まるで明るい波のような歓声と拍手の渦が湧き起こる。あの歓声と拍手は、作者の（友達の）新たな一面や良さを知った驚きと喜びの現れなのだと思っている。子ども同士で、作品の良さを見つけ合うことは、作品の良さだけでなく、互いの良さや新たな一面を理解し合う心も醸成することにもつながるのだ。

授業のふりかえり場面では、歌会の楽しさだけでなく、「○さんが、～のように思っていたなんて、びっくりして、すごいなと思った」「○さんのような作品を作ってみたい」などの発言だけでなく、「～をほめてもらって嬉しかった」のような、よさを見つけてもらった嬉しさを話す子どもも多いのだ。そして、歌会の後には、うそじゃないのと思ってしまうほど、子どもたちが「楽しかった」「またしてみたい。また、作る。」などと話すのだ。歌会の盛り上がりをどんなに書き綴っても、きっと表し尽くせないだろう。だから、ぜひ、おすすめしたい。歌会を。歌会のあの学習空間を子どもといっしょに体感していただきたいと思う。

オ　工夫しやすい歌会

歌会が、低・中・高どの学年でも行うことができて、しかも、必ず盛り上がり、「楽しい」と子どもに感じさせるのは、歌会の基本的な形式が飽きない組み立てになっていることと、一つ一つの活動の仕方を学習場面と子どもにあわせて柔軟に選ぶことができるからだと実感している。

なぜ、飽きないのか。

それは、歌会に必須である「読む」「書く」「話す・聞く」の学習活動を短時間で繰り返し行えるからだ。しかも、読む活動には提示作品の音読と良さを読み取る活動があり、書く活動には、お気に入りの一首を選んで票用紙に書く、選んだ理由をワークシート、もしくは、ノートに書く活動があり、「話す・聞く」活動には、自分が選んだ一首の良いところを見つけて話すだけでなく、それ以外の作品の良いところを見つけて話し合う活動もあるのだ。飽きようがない。それどころか、子どもたちは必死になる。

では、それぞれの学習の仕方を選べるとはどういうことか。

歌会で行う音読を例に説明したい。提示作品を一斉に音読するだけでなく、もちろん、自由音読もある。また、～が終わったら音読して待つのような隙間の時間を使って音読する場面もある。場合によっては音読だけでなく、微音読や唇読を取り入れてもよいのだ。こういったことは、話す・聞く活動場面になっても同じである。自分が選んだ一首の良いところをペアで伝え合うことは、もちろん、自分は選ばなかった作品の良いところを見つける活動をペアやグループで行うこともできる。また、ペアやグループで良さを見つけた後の全体交流の場面でも、隣の人の考えと自分の考えを比べて話すなど発言の仕方なども、子どもとその学習場面に合った方法を柔軟に決めて、取り組むことができるのである。

つまり、歌会の基本的な形式、学習の流れはそのままに、それぞれの学習活動の具体的な手立てを子どもと学習場面に合わせて自在に決められるところに工夫のしやすさがあるのだ。四十五分の学習時間が、活動と活動の数珠つなぎになっている。その一つ一つの数珠を学習場面と子どもに合わせて自在に変えられるのだから、工夫できる楽しさに溢れていると思うのである。

歌会形式の学習は各学年で、基本を踏まえつつ、さらに工夫されて展開されていく可能性に満ちていると確信している。

カ　複数の作品をまるごと読める歌会

歌会では、一単位時間に複数の作品をその場で読むことができる。しかも作品は全て自分達がつくった短歌である。それらを読む・聞く・話す・書く活動を通して、提示された全部の作品の良さを話し合う。歌会の後には互いの新しさをも認め合えるのだ。これを可能にするのは、やはり短歌（俳句ならば句会も同様）だからこそであろう。子どもたちが作った複数の物語で、一単位時間を使って歌会のようにはいかないのである。

(2)　歌会をする場合の留意点

「歌会は必ず盛り上がる」と述べた。そのためには、次の三つのことに留意したい。

◎目的と見通しを子どもにはっきりと伝える
◎提示作品数は五作品がおすすめ
◎作者名を最後まで黙っている約束

ア　目的と見通しを子どもにはっきりと伝える

どの教科の授業でもそうであるように、歌会を授業で行う場合も、何のために、どのように学習していくかを分からせてから、進めていく。初めて歌会をする場合は、なおさら欠かせない。子どもたちは見通しを持った中で、わくわくしながら学習することができる。

たとえば、次のようである。

> 今日は、歌会をします。みなさんがつくった短歌の良いところを見つける学習です。
> 学習する順序は 知る① → 音読する → 選ぶ → 書く → 知る② → 話し合う → 知る③ → ふりかえり の七つです。

学習過程をカードにし、今、何を行っているのか、次に何を行うのかが分かるように黒板に掲示する。使用する言葉は、知る が 見つける など、他の表現になっても、かまわない。子どもに分かる言葉にするとよい。また、他教科でも使うとよい。教科間における学習活動のつながりを感じさせられるからだ。

ちなみに、知る① は本時の題材の短歌を知ること。音読する は、提示された短歌を音読すること。選ぶ は提示された全部の短歌を読み、お気に入りを一首選び、配布されたカードに短歌の番号のみ記入して机上に置くこと。担任が回収。書く は、お気に入りを選び終わったら、ワークシートもしくはノートに、選んだ理由とその短歌の良いところを書くこと。知る② は、開票結果を知ること。黒板に提示した短歌に正の字で得票数を記していく。話し合う は提示された短歌の良いところを対話したり、全体交流したりすること。また、知る② と 話し合う の順番が逆であってもよい。どちらが子どもの思考をうながすか、もしくは、いいところをみつけやすいかで決める。知る③ →作者を知ること。ふりかえり 学習感想を書き、全体で交流することである。

イ　提示作品数は五作品がおすすめ

〈五作品という理由〉

本来の歌会は、出席した人が、自分のつくった一首を持ち寄り、全作品を読み合った後に、投票、開票し、自分が選んだ作品のどこが良かったかなどを話し合う。（少なくとも、かつて自分が一度だけ参加した歌会はそうであった）。しかし、教室で行う場合は、学級の全員分の作品を全員で読まない。というより、一単位時間では読めない。読めるかもしれないが、読むだけで終わってしまう。従って、学級全体に、いくつかの短歌を提示して、その中からお気に入りを一首選び、良いところを話し合う形式が学級で行う場合の歌会として取り組んできた。

その提示する短歌の数が、十作品では多く、三作品では少ないのだ。五作品が最も良いのだ。経験の範囲においては、子どもにとって、五作品がお気に入りの一首を選びやすく、その後の話し合いが活発に行えたのである。

十作品で歌会を行った時の子どもたちは、お気に入りの一首を選ぶために十の短歌をしっかり読んで選ぼうとした。充分な時間が必要だった。作品の良いところを見つけ、話し合う場面では、得票数のちらばりに差が無いため、発言が単発になりやすい傾向になるのだ。また、三作品だと学習過程の各学習活動に微妙な緩みが出る。作品数が少ないからだ。

また、五作品にすると、特徴の違う作品を選びやすく、子どもたちも作品の良さの違いに気づきやすいのだ。十作品にすると作品の特徴が際立ちにくいのである。もちろん、読む力がついてくれば何首でも可能なのだろうが、先に述べたように、音読したり、書いたり、話し合ったり様々な活動を通して作品の良さを見つけさせたいのだから、一単位時間にたくさんの短歌を読んで選べばいいというわけではないのだ。だからこそ、短歌を題材に学習する単元の中に、歌会を繰り返して取り組んでみることをすすめたい。

ちなみに、どうしても、一単位時間に十首を提示して歌会をしたい場合には、五首で一ラウンドとし、合計二ラウンドで歌会を行うことができる。（実際、花巻市立桜台小学校三年一組三十一名で行ってみた。同僚の松澤春香教諭にも参観いただき、授業の様子も録画した。）多少、窮屈な展開にはなるが、子どもたちが歌会になれていれば難しくはない。この実践をもとに考えれば、一ラウンド目を三首、二ラウンド目を五首などのように、子どもに合わせて工夫することも可能だと言えるだろう。

ウ　作者名を最後まで黙っている約束

作品が提示されても「『あっ、◯さんの短歌だ』『ぼくのだ！』」などと言わずに黙っている。自分の作品が登場して嬉しくてにこにこしたり、そわそわしたりせずに、作者紹介の時まで黙っていること。簡単そうな約束だが、子どもには意外に難しい約束だ。でも、この約束があるから、つくった人を気にせずに、短歌を作品として読めるのだ。そして、最後に、作者を知ったその時に、初めて知る驚きや喜びが大きいのである。

歌会についてずいぶん長い説明になったことを反省しつつ、短歌創作の三つの段階、及び六つの手立て①から⑥を経て、初めて短歌をつくった一年生（花巻小）の作品のいくつかを紹介する。

一年生の作品　**（題材は宮沢賢治作品、賢治クイズで知った賢治の人生　平成二十年度花巻市立花巻小学校）**

ジョバンニと　カンパネルラは　たびにでた　おやつももたずに　さびしくないの
おしえてね　きらいなにんじん　どうやって　たべたらいいの　けんじせんせい

けんじさん　ぼくとかけっこ　しませんか　かぜにのったら　ぼくははやいよ
やまねこの　わなにかかって　しょんぼりと　かえるしんしが　やせてみえるよ
「ほんとうの　しあわせ」という　ことだけど　しりたいような　いらないような
よくはなく　よくみききして　わすれない　そんなこどもに　ぼくなれるかな
ぼくはすき　ぎんがてつどう　はしるおと　うちゅうにつづく　うずまきみたい
ともだちと　きっとうたえる　ラララララ　ほしめぐりのうた　けんじしゅうかい
じょばんにと　かんぱねるらは　おしゃべりを　しずかにずっと　しつづけたんだ

(3)　一年生にもだれにでも易しい五七五七七

何度も繰り返すことになるが、短歌を全く知らなかった一年生が短歌をつくり、ひいては、低学年の子どもたちに歌会が成立したということは、高学年で、すでに実践していたことから考えれば、「全ての学年の子どもたちに、また、初めて短歌教材に出会う子どもたちの全てが、短歌をつくり、歌会ができる」という結論がみえてくるのだ。

そして、一年生にも、ひいては全学年で短歌を教材とした学習を可能にさせるのは、ひとえに、短歌の特徴が「だれにでも易しいからである」ということを再び言いたいのだ。短歌の特徴、それは、「五／七／五／七／七の積み重ねであること」である。季語もない。それだけである。従って、この短歌の特徴を最大限生かすことにおいて、短歌を教材とした学習はだれにでもできるといえるのだ。

では、中・高学年の場合はどうか。

ポイントは「接点を見つける」こと。国語で俳句や短歌を学習した直後、総合的な学習で地域の歌碑や歌人などにふれて、短歌を知った時など、既習の「点」に「新しい点」として短歌をつなげていく。低学年より、中・高学年の方が他の学習内容との接点は見つけやすい。接点さえ見つけられさえすれば、いつでもできる。いや、できたのである。また、先の段に示した一週間に一首一編の短歌や詩の音読・暗唱などの取り組みも中・高学年でできたことも付記しておきたい。

四　伝記的事実で短歌をつくる

この章では、宮沢賢治、石川啄木の伝記的事実を題材に短歌創作を行った例を紹介したい。

始めに紹介するのは、岩手県花巻市立花巻小学校在任時に、宮沢賢治を題材にして単元を作って行った例である。この実践は、すでに、「賢治短歌を素材とした単元『新しい賢治の世界を知ろう』―半未知情報に着目した地域文化・伝統を生かす教材の開発―」（『月刊国語教育研究』No.429　２００８年）と題して紹介しているのだが、この中から、「伝記的事実にどのように出会わせて短歌を作ったのか」を抜粋して、ここで紹介することを予めお断り申し上げたい。

また、石川啄木の伝記的事実を題材に短歌をつくった実践は、紫波町立古館小学校で四年生、五年生を、盛岡市立永井小学校で一年生を担任した時に行ったものである。資料が多く残っている古館小学校の子どもたちの作品を例示しながら、実践内容を紹介する。

そして、ここでの結論をまとめると、次の三つにまとめられる。

◎子どもにとって伝記的事実も短歌創作の題材になる。

◎子どもが「知っているようで知らない」ことが、意欲喚起の鍵になる。
◎子どもが知っている情報の度合いに、伝記的事実の出会わせ方を合わせるとよい。

1 「宮沢賢治」でつくる

宮沢賢治の伝記的事実を題材にしたこの短歌創作単元「賢治短歌を素材とした単元『新しい賢治の世界を知ろう』―半未知情報に着目した地域文化・伝統を生かす教材の開発―」は、一年生によって「短歌はだれにでもつくることができる」と実感できた前年度、平成十九年度花巻市立花巻小学校六年生と行ったものである。私にとって、初めての短歌創作単元だった。この短歌創作単元があったからこそ次年度一年生との短歌創作ができたとも言える、今思えば、貴重な一歩であったと思う。しかも、この単元は、始めに原稿依頼から始まったのだ。地域文化・伝統を生かす教材の開発がテーマであった。そこで、花巻なら宮沢賢治、宮沢賢治を題材にするなら、おそらく子どもたちがほとんど知らないであろう賢治の短歌にしようと考えたのである。

花巻市は賢治の故郷。そして、花巻市立花巻小学校は賢治の母校でもある。花巻小学校の子どもたちも含めて、花巻で学ぶ子どもたちは「宮沢賢治」の名前は、もちろん知っている。しかし、伝記的事実となると、知っているようで知らないことも多い。人の一生の隅々を幼い子どもが知るよしもないだろうし、伝記本も一生の切り取りであったり、概要であったりするのだろうから、知っているようで知らないことがあるのは、ごく自然のことだ。だからこそ、「へえ、そうだったのか」といった驚きや知る喜びが生まれるというものであろう。子どもたちにとって、賢治は詩や童話を作ったことは知られている。童話もたくさん読んでいる。しかし、賢治の短歌となると子どもたちにとっては未知であろうと考えたのである。

(1)　半未知・半既知情報

「半未知・半既知情報」。

この言葉は、外山滋比古氏の著書『思考の整理学』からヒントを得たものだ。氏は著書『思考の整理学』（筑摩書房　１９８６年）の「既知情報」「未知情報」（198—203頁）で、「未知」「既知」双方の情報を使い分けることが学習意欲を喚起すると指摘している。それならば、「未知」でもない「既知」でもない「知っているようで知らない情報」も、知っているようで知らないからこそ、ふと立ち止まって考えさせてみれば、子どもたちの学ぶの意欲を喚起するかもしれないと考え、これを「半未知・半既知情報」としたのである。

身近な事柄こそ、意外に「知っているようで知らない」ものだ。だからこそ、自覚して、知り始めると、「そうだったのか」といった驚きと新鮮さがともない、それが意欲につながっていくのだと考える。

例えば、賢治が「童話や詩を作ったすごい人」と思っている子どもたちにとって、「希望を失い落ちこぼれ同然の優秀でなかった時代があったこと」「意外にやんちゃな学生時代を過ごしたこと」「家出同然で上京していること」「親に反抗的な態度を取っていたこと」「『雨ニモマケズ』を作った頃のこと」などの事実は、子どもたちにとって新たな賢治の姿だ。

また、賢治の創作人生が「短歌に始まり、（二十五才までは、ほぼ短歌のみをつくっていた）短歌に終わったこと」も驚きの事実、まさに、賢治の伝記的事実は「半未知・半既知情報」なのだ。半未知・半既知情報である伝記的事実を題材にしたことは、創作のための作戦としては、子どもたちの創作意欲をかき立てるものだったと思っている。

簡単に単元の全体構成を示した後、伝記的事実と、どのように出会わせたかについて述べていく。

第１次　賢治の伝記的事実を知る。

【第一時】宮沢賢治のことで知っていることを話し合う。

《学習内容》賢治の一生について知っていることを話し合うとともに〇×クイズで賢治の一生を通時的に知る。

【第二時】宮沢賢治のことで知っていることを話し合う。

《学習内容》知っている賢治の作品や事柄を出し合った後、賢治作品○×クイズで各種作品の創作年代を知る。

第2次　賢治の短歌作品を知る。

【第一時】賢治の短歌を読む。

《学習内容》賢治短歌十首からお気に入り三首を選び対話する。

【第二時】宮沢賢治の短歌創作の伝記的事実を知る。

《学習内容》賢治が短歌をつくっていた時代の「初め」「中」「終わり」とそれぞれの時代の代表的な短歌を知る。

【第三時】絶筆二首の生原稿などの見学（萬鉄五郎記念館特別展示、宮沢賢治記念館）後、賢治を題材にした短歌を創作。

《学習内容》見学や学習して知った賢治の伝記的事実をもとに賢治短歌をつくる。

【第四時】フィールドワーク①軽便鉄道跡地コース、その後賢治短歌創作。

《学習内容》賢治ゆかりの地（花巻病院賢治の花壇、岩手軽便鉄道鳥谷崎駅、花巻女学校跡、稗貫農学校跡地）を訪ね、それをもとに賢治短歌をつくる。

【第五時】フィールドワーク②町中コース、その後賢治短歌創作。

《学習内容》賢治ゆかりの地（花巻城址、花城小跡、求康堂跡、『春と修羅』印刷所跡、賢治生家跡）を訪ね、それをもとに賢治短歌をつくる。

【第六時】「歌会」による自作短歌を読み合う学習。

《学習内容》一首を選んだ根拠を話したり聞いたりする。

【第七時】賢治短歌十首を再び読み、お気に入り三首を選ぶ。

(2)　「クイズ」と「本物」で　気づいて　見て　つくる

伝記的事実をどのように出会わせたか。次の三つである。

① ◯×クイズで伝記的事実を揺さぶる
② 短歌で賢治の人生をたどる
③ 本物を見せる

ア　◯×クイズで伝記的事実を揺さぶる

◯×クイズは知っていること、知らないこと、ちょっと知っていることに気づかせるために行った。しかも、クイズとなると、途端に教室の空気が軽く、楽しくなる。クイズの答えがたとえ間違っても、「へえ、本当!?」「初めて知った」と子どもたちがさらっと思える学びになるのだ。「賢治クイズ」として出題したのは、例えば、次のようなものである。

「賢治さんは五人兄弟である。◯か×か。」「花巻川口尋常小学校時代（今の花巻小学校）の賢治さんは優秀だった。◯か×か。」「盛岡中学校時代の賢治さんは優秀だった。◯か×か。」「賢治さんが童話を作る前に、短歌を作っていた。◯か×か。」「賢治さんの最後の作品は短歌である。◯か×か。」

など、一生が概観できるように、誕生、小学校時代、盛岡中学時代、盛岡高等農林時代、研究生時代、上京前後のこと、稗貫農学校時代のこと、羅須地人協会のこと、没年等を題材にした。ありがちな方法ではあるが、クイズは効くのである。
学習の流れは次のようである。

①　賢治さんのことで知っていることを話し合う。
ア．「宮沢賢治」と聞いて、思いつくことは？
イ．賢治さんの一生の出来事で知っていることをカードに書く。
（例）「賢治さんは……だった。」「……は賢治さんだった。」のように一文でカードに書く。
ウ．カードを用いて発表し、その後カードを使って分類。児童がどんな分野のことをどの程度知っていたのかが互いに分かるようにする。
②　エ．ウ．をふまえて、以下の○×クイズを出して、賢治の一生を概観する。
賢治クイズの正解後に記した＊は教師が押さえておきたいこと。（子どもの状況に応じて説明。）

第一問　宮沢賢治の誕生日は、今日8月27日である。○か×か。

正解は○。

賢治は１８９６（明治29）年８月27日に生まれた。
今から１１１年前の今日産声を上げた。岩手県稗貫郡花巻町　古着屋兼質屋の長男として生まれる。

第二問　花巻川口尋常小学校時代の賢治はとても優秀であった。○か×か。

正解は○。
全部の教科が、今の花巻小学校の通知表でいうとAであった。（通知票のコピー）
＊石集め、昆虫採集なども大好き。店の仕事を教えようと思っていた父親が将来の仕事について訪ねると「寒いときは鍛冶屋に、暑いときは馬屋の別当の仕事でもすればいいと思う」と答えたと言われる。その答を聞いた父親が賢治は商売にむかないかもしれないと思い、将来は商売にも学問は必要になるだろうと考え、中学校に行かせることを決めたと言われる。１９０３（明治36）年入学、１９０９（明治42）年卒業。

第三問　小学校卒業後、盛岡中学校（現岩手県立盛岡第一高等学校）に入学した賢治の成績は小学校と同じように優秀な成績であった。○か×か。

正解は×。
卒業するときははっきり言うと落ちこぼれ。山登り、野や川歩き、石拾い、哲学書、文学など、好きなことを心の赴くままにして、過ごした。

＊教科によっては試験結果が40点以下のものもあった。数学、科学などは要注意と学校から家へ報告されている。

卒業の時成績表は学年80人中60番の成績であった。

また、寮の舎監（今で言う寮長や寮の責任者のような仕事をする人）を追い出す計画を立て、実行してしまう。その事件の中心人物であった。校長先生から厳しく指導を受け、結局、寮を追い出されてしまった。お寺に下宿。座禅したり、仏教関係の本を読み浸ったりするようになる。

＊学校を卒業しても、どうせ、自分の家を継がなければいけないという重く暗い気持ち（希望のない気持ち）がそうさせていたのかもしれないと言われている。１９０９（明治42）年～１９１４（大正３）年

第四問　卒業後、花巻に帰った賢治は店番などの仕事を鬱々とした気持ちで手伝ったが、父親の許しが出て、盛岡高等農林学校（岩手大学農学部）に入学。ここからが問題。高等農林学校での賢治は優秀な成績であった。◯か×か。

正解は◯。

特待生、授業料免除、級長。盛岡高等農林を卒業するときは一番の成績（首席）で卒業。この時代、法華経を深く知る。

１９１５（大正４）年～１９１８（大正７）年

第五問　高等農林学校卒業後も成績優秀のため学校に研究生として残って研究した。その時に研究したことは星の研究であった。○か×か。

正解は×。
土の研究。もう少し詳しく言うと、地質・肥料の研究。
＊助手として、稗貫郡内土性調査にも加わっている。妹トシが、東京で、肺炎となり看病のために3か月ほど上京している。研究生修了後、助教授に推薦されたが、断っている。修了後は家業を手伝う。＊1918（大正7）～1920（大正9）年。

第六問　研究生修了後、1921（大正10）年1月。賢治は上京する。しかしこれは、家出みたいなものだった。○か×か。

正解は○。
＊家の商売が好きになれないこと、家とは違う宗教、法華経を信じていることなどから、父親と対立が深まる。
＊一人、法華経の仏教団体に入会し、その後東京にある仏教団体の本部国柱会へ。賢治に会いに父が上京し、ともに伊勢神宮や比叡山延暦寺、奈良などを旅行する。が、花巻には一緒に帰らなかった。

第七問　１９２１（大正10）年8月、急遽、賢治は花巻に帰った。その理由は、稗貫農学校（現在の花巻農業高等学校、子どもたちにとっては「野菜先生の学校」である。）の先生として働いてほしいという話が来たからである。◯か×か。

正解は×。
現在の花巻南高等学校で先生をしていた妹トシが病気になったため。稗貫農学校には、花巻に帰って4か月後、12月から先生として勤めている。

第八問　稗貫農学校（花巻農業高等学校）時代、賢治は花巻病院の花壇の設計をたのまれている。◯か×か。

正解は◯。
＊花巻農業高等学校で教えていた期間は4年間。作物肥料、土壌、英語、科学、農業実習を受け持ったほかに、学校の回りに花壇をつくったり、野や川へ一緒に遊びに行ったり、音楽や演劇を学び、生徒に演奏させたり上演させたりした。１９２６年、先生を辞める。一人で暮らし始める。＊１９２１（大正10）年12月～１９２６（大正15、昭和元）年3月

第九問　「雨ニモマケズ」を書いたときの日付は11月3日である。◯か×か。

正解は◯。

＊1926（大正15、昭和元）年8月「羅須地人協会」をつくった。次第に農家の人たちに肥料設計などの稲作指導で奔走するようになる。1927（昭和2）年までの間に、賢治が作った肥料設計書は2000枚になったといわれている。1928（昭和3）年8月肺結核による発熱。実家に戻る。

＊その後回復し、1931（昭和6）年、東北砕石工場の技師となる。9月、石灰宣伝のため上京中、発熱し、遺書を書く。自宅に帰り、病床に伏す。手帳に「雨ニモマケズ」を書く。その後、病床にありながらも、肥料設計の相談に応じる。

第十問　賢治がなくなったのは1933（昭和8）年9月21日午後一時半。この時、賢治は、37才であった。◯か×か。

正解は◯。

＊37年の生涯であった。賢治の墓碑は、身照寺（花巻市文化会館の近く）にある。

イ　短歌で賢治の人生をたどる

賢治の短歌を創作年代ごとに分けて提示し、賢治の人生と重ねて読ませた。提示した短歌は次のようである。

中の字の徽章を買ふとつれだちてなまあたたかき風に出でたり（花城尋常小卒業十三才頃）
父よ父よなどて舎監の前にしてかの時銀の時計を示し（盛岡中学入学頃十三才頃）
中尊寺青葉に曇る夕暮れのそらふるはして青き鐘鳴る（盛岡中学生十五才頃）
学校の志望はすてん木々のみどり弱き眼にしみるころかな（盛岡中学校卒業十八才頃）
　仙台
わたぐもの幾重たゝめるはてにしてほつとはれたるひときれのそら（盛岡高等農林学校二十才頃）
くるみの木黄金のあかごを吐かんとて波立つ枝を朝日にのばす（盛岡高等農林地質学研究科修了二十四才頃）
方十里稗貫のみかも稲熟れてみ祭り三日そらはれわたる（昭和八年三十七才頃）
病のゆゑにもくちんいのちなりみのりに棄てばうれしからまし（昭和八年三十七才頃）

ウ　本物を見せる

ここでの結論は「本物は説得力がある」ということだ。

六年生の子どもたちは、幸運にも賢治の生原稿に出会うことができた。萬鉄五郎記念館では、絶筆二首の生原稿を、宮沢賢治記念館では童話作品生原稿を見学できたのである。子どもたちは本物を見た思いを短歌にした。

フィールドワークでは、『賢治のイーハトーブ花巻―ゆかりの地ガイドブック―』（宮沢賢治学会・花巻市民の会編／イーハトーブ館ショップ猫の事務所発行／平成16年5月第三版改訂）を参考にして、賢治ゆかりの地（花巻病院賢治の花壇、岩手軽便鉄道鳥谷崎駅、花巻女学校跡、稗貫農学校跡地、花巻城址、花城小跡、求康堂跡、『春と修羅』印刷所跡、賢治生家跡）を訪ねた。これも幸運なことに、花巻小学校からは全て徒歩で行くことができる場所ばかりであった。子どもたちは行く先々で、心にとまったことをメモし、それらをもとに短歌をつくった。

本物を見せることもありがちな方法ではあるが、自分の足と目で確かめ、感じ取った「本物」は子どもたちにとって説得力があるということを改めて知った思いがした。

子どもたちは、この単元を通して、新しく知った賢治の伝記的事実から、思ったことや感じ取ったことと、そして見たままのことを、あっさりと、五七五七七の定型に表した。短歌はワークシート一枚に一首ずつ書いた。特別なワークシートではない。五七五七七の定型に合わせて五行の罫線で分けられただけのものだ。単元を通して、一人二十首程度の作品をつくった。六年生の子どもたちは一学期に教科書教材を通して「短歌が五七五七七」であることを学習していた。私は子どもの作品が定型になっていたら褒めるだけでよかった。子どもたちが作る度に、その子らしい表現が生まれ始めているのが分かった。私は、そのたびに、声に出して読んでみんなに紹介し、褒めた。それらを繰り返した。子どもたちが本物との出会いを通して、作りながら短歌に慣れていくのが分かった。「習うより慣れろ」を目の当たりにしたのである。子どもたちの作品のいくつかを紹介する。

「日輪と山」　本物の　作品は　ぎゅっとつまって　迫力がある
絵も描ける　そんな賢治も　体育は　苦手なところ　私と似てる
希望なく　勉強やらず　つまらない　日々を送った　日もある賢治
春と修羅　永訣の朝　松と針　ほかにもあった　賢治の原稿
賢治さん　絶筆二首の　あの字には　死を前にして　何を思うか
この道を　賢治さんも　歩いたと　しみじみ思い　ゆっくり歩く
建物に　賢治の面影　さがそうと　照井だんご屋　ぐるりと見回す
賢治の字　日本語だけど　読めません　でもそれがいい　一つの魅力

宮沢賢治の伝記的事実を題材に、それらをどのように子どもたちと出会わせたか、そして、その時の子どもたちの様子や子どもたちがつくった作品を紹介してきた。

結論を繰り返すことになるが、実践を通して明らかになったことは三つである。

一つ目は、子どもにとって伝記的事実も、短歌創作の題材になること。

二つ目は、子どもが「知っているようで知らないこと」が、意欲喚起の鍵になるということ。

三つ目は、子どもが伝記的事実をどれくらい知っているのか、子どもが知っている情報の度合いに、伝記的事実の出会わせ方を合わせるとよいということである。

花巻小学校が宮沢賢治の母校であり、歩いていけば「賢治ゆかりの地」が身近に見られたことが、子どもたちにとって、また、単元を作るにあたっても最大の利点だった。これを存分に生かしたのが、この単元だったと言えよう。

では、このような環境にない場合は、どうすればよいか。

どんな出会わせ方が目の前の子どもに合っているかを考えればよいのだ。クイズを中心に紙芝居から伝記的事実を知るのがよいか、ビデオ作成し視聴しながら学習してみるのがよい。など、子どもが目を輝かせて学習するだろうことを思い浮かべて、存分に工夫することをおすすめしたい。きっとわくわくしてくること間違いなしだ。

2　「石川啄木」でつくる

この項では石川啄木の伝記的事実を題材にした短歌創作の実践を紹介する。

この実践は紫波町立古館小学校と盛岡市立永井小学校で行ったものである。両校ともに石川啄木の母校でもなければ、啄木ゆかりの地が身近にあるわけでもない。しかし、国際啄木学会盛岡大会記念、啄木生誕年などという幸運な巡り合わせをきっかけに取り組んだものだ。

子どもに啄木の伝記的事実をどのように伝えるか、あれこれ考えた末にたどりついたのは、啄木の伝記を自分で書いて読み物資料として作り、子どもたちに読み聞かせるということだった。今思えば、原始的で、危うい手立てだったと思うのだが、私が子どもに伝えたい啄木の姿を、目の前の子どもと授業の単位時間に合わせて書くことができると思ったのだった。

最初に書いたのは、四年生（古館小）の子どもたちに向けたものだった。その後、五年生（古館小）、一年生（永井小）の子どもたちに合うように修正しながら使って、短歌創作の題材にした。宮沢賢治のゆかりの地を訪ねたようなフィールドワークなどはしていない。

子どもたちが、伝記的事実を読み、感じ取ったことをもとにして、短歌をつくるという実にシンプルな取り組みであった。ただし、子どもたちに合わせて、短歌のつくり方の手順は異なっている。四年生と一年生は43―51頁に示してある手立て①から⑥を使った。石川啄木の伝記的事実を題材にして、短歌をこれから知る子どもたちに、①から⑥の六つの手立てを使って行ったのだ。敢えて言えば、43頁で紹介した花巻小一年生と66頁以降で紹介した花巻小六年生で行った二つの実践の方法を子どもに合わせて微調整して行った融合型と言えるだろう。五年生（古館小）は93―103頁「クリヤファイルのやり取りで短歌をつくる」で紹介する方法で、この読み物資料を使って短歌をつくった。

啄木の伝記を読んでつくる

五年生用の自作の啄木の伝記的事実の読み物資料と91―92頁には子どもたちの短歌作品のいくつかを載せた。

これは、93頁以降に示した「クリヤファイルのやり取りで短歌をつくる―一〇〇人の子どもたちと―」で紹介した取り組みの中で使ったものである。五年生の子どもたちには、Ｂ４判用紙両面に印刷したものを渡した。四年生、一年生用の読み物資料も伝記的事実の内容は大きく変えていない。

　短歌をつくってきた五年生の皆さん。石川啄木（いしかわたくぼく）を知っていますか。日本でも、世界でも有名な歌人（歌人：短歌をつくる作家）です。岩手県の人です。今から一〇〇年ちょっと前の歌人です。

短歌を作ってきた皆さんに、今日は、その石川啄木さんの一生をお知らせしましょう。そして、今回の短歌は、啄木さんの一生を知って、心に残ったことを五七五七七の短歌で表してみましょう。それが今回のテーマです。

では、石川啄木さんの一生をたどっていきましょう。

石川啄木さんの本名は石川一と書き、いしかわはじめといいました。1886（明治19）年2月20日、岩手郡日戸村（ひのとむら）、今の盛岡市玉山区日戸（ひのと）でうまれました。啄木さんは三人兄弟の末っ子。お姉さんが二人いました。お父さんは常光寺（じょうこうじ）というお寺の住職（じゅうしょく）でした。石川啄木さんはお寺の息子として生まれたのですね。

生まれて少しして、石川啄木さんの一家は今の盛岡市玉山区渋民にひっこします。啄木さんのお父さんが渋民村の宝徳寺（ほうとくじ）の住職になったからです。

常光寺も宝徳寺も今もあります。宝徳寺は啄木記念館のすぐ近くにあり、いつでもすぐ見ることができます。

1891（明治24）年啄木さんは5歳で渋民尋常小学校に入学しました。そして、学校で一番の成績で卒業しました。神童と呼ばれるくらい優れた成績だったそうです。

その後、1895（明治28）年盛岡市立尋常高等小学校に入学します。この時、渋民村から、はなれて盛岡のおじさんの家にとまって学校に通いました。盛岡尋常高等小学校でもとてもよい成績だったそうです。

啄木さんは、どちらかといえば小柄な人でした。笑うと右のほっぺたにえくぼができたそうです。また、おでこがひろかったので、小学校時代には「でんぴこ」「でんび」などのあだ名があったのですって。また、ほっぺたがふっくらしていて肌が白くてつるっとしていたので、「ふくべっこ」というあだ名もありました。ふくべっこというのはひょうたんのことをさしています。おでこがひろくて、ふっくらほっぺ、右のほっぺに笑うとえくぼ、はだは白くてつるっと……きっとかわいらしかったのでしょうね。

1898（明治31）年　啄木は盛岡中学校（今の岩手県立盛岡第一高等学校）に入学しました。紫波町の名誉町民である野村胡堂（のむらこどう）さんはこの時の一年先輩です。啄木さんとはたくさん交流をし、文学について語ったり、短歌をつくり合ったりしたのだそうです。また、石川啄木さんが間違いをしそうになると、「そんなことをしちゃいけないよ」と教えてあげるよき先輩だったのだそうです。盛岡中学校時代の啄木さんは1900（明治33）年頃から文学に興味を持ち、「爾伎多麻」（にぎたま）と名付けた文学雑誌をつくったり、岩手日報に短歌を発表したりしていました。

ここで啄木というペンネームについてすこしお話ししましょう。実は、啄木という名前にするまでに別な名前を三つ使っています。最終的に啄木という名前にして、作品をつくるようになったのは、何年かしてから（1903（明治36）年から）です。

啄木というのは「キツツキ」をあらわしています。啄木さんは、部屋にこもってキツツキが木をつついている音をきいていると、とてもすがすがしい感じがして、この名前にしたと日記に書いています。啄木というペンネームには、そんな意味があったのですね。

さて、盛岡中学校で文学に夢中になっていた啄木さんに大きな変化が訪れます。それは、啄木さんの短歌が全国的に有名な短歌の本『明星』によい作品として選ばれたことです。それはとても名誉なことでした。そして、これを機会に啄木は文学を仕事にして生きていこうとか決意し、盛岡中学校をやめ、東京に行くのです。すごい決断をし、行動したものですね。1902（明治35）年啄木さん、16才の時のことでした。

東京では、様々な文学者たちと出会ったり、歌をつくったりします。

しかし、1903（明治36）年、啄木さんは体調をくずし、文学を仕事にすることをあきらめ、迎えに来たお父さんといっしょに渋民村に帰ります。どんなに残念だったことでしょう。

ふるさとで、からだが回復するとともに岩手日報に戦争について考えていることを文章にしてのせたり、『明星』に詩をのせたりしました。やはり、文学のしごとがすきだったのですね。

体調がよくなると、1904（明治37）年、再び東京へ行った啄木さん。しかし、住職のお父さんが仕事を失ったことにより、生活するお金が無くなります。

そんななか、1905（明治38）年　啄木さんは初めての本を出します。それが詩集『あこがれ』です。短歌ではなく、自分がつくった詩を載せた本でした。啄木さんが、天才詩人といわれるのはこの詩集の作品の詩の素晴らしさによるものです。

実際に読んでみると、大人でも意味を考えこんでしまうような言葉や漢字がたくさん、ほんとうにたくさん出てきて、おどろかされます。

お金がなかった啄木さんが詩集を出せたのは友人たちの助けがあったからです。啄木さんは温かい友人たちに囲まれていたのですね。

また、啄木さんは『あこがれ』をだしたこの年に、盛岡時代から親しかった堀合節子さんと結婚します。

1906（明治39）年　啄木さんは渋民村に帰ります。そして、今の渋民小学校で先生をします。ようやく、生活するお金を得ることができ、この年の12月には初めての子ども、京子さんが生まれました。啄木さんは京子さんの誕生をとても喜び、いろいろな人に葉書で知らせています。啄木さん20才の時のことです。しかし、家族が増えた啄木さんのくらしはますます苦しくなりました。その日食べるお米にも困るくらいでした。今でも残され保存されているのですが、啄木さん一家が住んでいたところも齋藤さんという方のおうちの二階の一間でした。あまりの貧しさに、啄木さんは北海道で仕事をしようと決意します。奥さんと子ども、お母さんをおいたまま、啄木さんは北海道の函館に行ったのでした。

1907（明治40）年　啄木さんは函館市の弥生尋常小学校の先生になります。また、函館日日新聞社の仕事もし、少し暮らしができるようになり、岩手にいるお母さん、奥さん、子どもを函館に呼びます。ところが、ようやく生活が安定しかけたやさき、函館の町が大火事になってしまうのです。函館大火といわれる町全体が灰になってしまったと言われるほどの大火事でした。何と悲しいことでしょう。この火事で、啄木さんは、すべての仕事を失ってしまうのです。このあと、啄木さんは家族を親類にあずけ、札幌、小樽と北海道の町を仕事を求めながら転々とすることになるのです。啄木さん21才の頃のことです。

1908（明治41）年　北海道の釧路新聞社に勤務していた啄木さんは、文学の仕事をする夢をあきらめられず、おもいきって、また東京に行く決意し、一人上京します。この時も家族はやはり親戚のところに残しています。

上京し、文学の仕事をしようとした啄木を助けたのは友人でした。なかでも金田一京助は盛岡中学校の先輩でもあり、長きにわたり啄木を励まし続けた友人でもありました。金田一京助は後に日本でも有名な言語学者（言葉の研究家）になった人です。

生活するお金に困る啄木をいの一番に助けるのは京助でした。ある時などは、家賃を何ヶ月もためてしまった啄木のために、自分が大切にしていた本のすべてを売って、お金にし、助けてあげたこともあったのでした。ほんとうに啄木には、啄木を心から心配し、思ってくれる友達がたくさんいたのですね。このころ啄木さんは小説を書くことにも一生懸命でした。しかし、残念なことになかなか売れることはありませんでした。

１９０９（明治42）年　苦しい生活をしていたもののやっと東京朝日新聞社に仕事を見るけることができた啄木さんは、お母さん、奥さん、子どもを東京に呼びます。やっと家族がいっしょに暮らすことになるのです。

１９１０（明治43）年　長男の真一さんが十月に誕生。しかし、うまれてまもなく、死んでしまいます。二十三日間の短い命でした。どんなに悲しかったことでしょう。つらかったことでしょう。

啄木さんはこの年の12月初めての歌集『一握の砂』を出版します。二十四才の時のことです。この時に得たお金を亡くなった子どものお葬式の費用にしました。真一さんが亡くなったのは10月ですから、二か月たってからのことです。それだけ啄木一家にはお金がなかったのです。東京で家族４人が暮らすには啄木の給料は少ないものでした。そして、文学を仕事にするということはその当時の啄木には、ほんとうにむずかしいことだったのですね。

歌集『一握の砂』は今でも啄木の代表作品です。この歌集には五五一首の短歌があります。みなさんが毎週一首ずつ音読している短歌は全部この歌集にある短歌から選んでいるのです。

１９１１（明治44）年　以前から体調不良であった啄木さんは腹膜炎という病気であることが分かります。それでも、詩を作ったり、短歌をつくったりしながらがんばっていました。しかし、病気はなかなか回復しません。啄木さんが仕事をできないと生活することもさらに苦しくなってしまいます。それどころか、薬すら買えないのです。

1912（明治45）年4月13日午前9寺30分、結核という病気で亡くなってしまいました。啄木さんは、26才の若さでこの世を去ったのです。亡くなる4、5日前に友人の歌人に「お金がもう無い。歌集を出してください。」とお願いしています。それを聞いた友人は、出版社にお願いし、啄木の願いをかなえることができたのです。啄木さんはその友人に心から感謝し「これからもたのむぞ」と熱にうなされ、かすかな声でいったのだそうです。

啄木さんの二つ目の歌集『悲しき玩具』が作られたのは啄木さんが亡くなって二ヵ月後のことでした。

啄木さんのお葬式にはたくさんの有名な文学者たちが集まり、その死を残念に思い、悲しみに包まれたと言われています。

啄木さんはなくなりましたが、啄木さんの作品はこの世にすべて残りました。詩、短歌、小説、評論、ローマ字で書かれた『ローマ字日記』などどれも価値の高いものであり、愛されるものです。特に、みなさんも音読している短歌は世界中の言葉で訳され、世界中の人達に親しまれ続けているのです。

啄木のすきなもの（「爾伎多麻」第一号に載せている）

色：うすむらさき
香り：バラの香り　カステラの香り
食べ物：そば　カボチャ
音：笛の音

衣：小倉服（小倉織りでできた洋服。学生服としてきた。おしゃれだった。）
本：みだれ髪　万葉集　テニソン詩集
家：ノミのいない家
人：未来の石川一君
花：百合（ゆり）の花

さあ、啄木の人生を知ってどんな感想を持ちましたか。感じたこと、思ったことを五七五七七に表してみましょう。

四年生の作品（自作の啄木伝記を読んで知った啄木の人生）

ほっぺたに　できるえくぼは　男なら　かくしたくなる　時はないのか
啄木の　顔はとっても　かわいいの　今ならジャニーズ　きっと入れる
カステラと　バラの香りが　すきだとは　甘い香りに　ひかれるんだね
啄木の　ほんとの名前　知ってるよ　はじめという名の　おわりの末っ子
成績が　いいとはいったい　どれくらい　一〇〇点とって　いたのか神童

五年生の作品（自作の啄木伝記を読んで知った啄木の人生）

結局は　みんなが愛す　啄木の　ような男に　ぼくはなりたい
啄木は　必死に生きた　歌人です　汗も涙も　歌にあります
一生は　山あり谷あり　くりかえし　いろいろあるけど　それが人生
啄木は　決断すると　すぐ動く　そんな啄木　見直したんだ
苦しくて　どん底にいる　啄木さん　バラのかおりで　リフレッシュした？
啄木は　たくさん短歌　作ったね　もっと長生き　できたらよかった

五　クリヤファイルのやり取りで短歌をつくる

―一〇〇人の子どもたちと―

この章では、子どもたちとクリヤファイルのやり取りだけで短歌創作をした例を紹介したい。なぜ取り組もうとしたのか。それは、学級担任でなくなったことがきっかけだ。

平成二十五年から二十六年にかけて、紫波町立古館小学校で研究主任の仕事をした。校内研究の推進と算数科のティームティーチングの指導（五学年三学級の担当）が私の仕事となった。算数科における学び合いを主題にした学校公開研究会を次年度に控え、五十人近い先生方と授業や学級経営について喧々諤々と口角泡を飛ばして検討し合ったことが今でも忘れられない。まさにその期間に行った取り組みが、クリヤファイルを子どもたちとやり取りして短歌をつくることだった。

学級担任ならば、ちょっとした隙間の時間に「一首つくってみようか」などと子どもたちに切り出すこともできる。しかし、担任外となると、そうはいかない。半ば、あきらめていた時、全く不意に、「もし、この状況で、子どもたちと短歌をつくるとしたら……。五七五七七だけなのだから、子どもには易しい……となると」と考えたら、わくわくしだしたのだ。担任していなくてもできるかもしれない……という発想になったのは、「短歌が易しい」ということを実感していたからであり、だからこそ、短歌が易しいからできる例として紹介したかったのである。

とは言え、当初は、思いつきに過ぎなかった。

「学級担任の先生には負担をかけないことは当然だが、クリヤファイルを運んでもらうことはお願いできるだろうか。たとえば、通信講座のレポートのようにして、子どもが気楽にできるワークシートを作って、やりとりしたらよいのではないか」などと妄想を重ねるだけだった。しかし、ちょうどその頃、全国啄木短歌大会が今年も開かれることを知ったのである。途端に、妄想は一転し、決意になってしまったのだ。

普通なら、そんな思いつきが簡単に実現するはずはない。だが、当時、五学年の担任だった本明暁子教諭、佐藤美貴教諭、遠藤浩志教諭が救ってくださった。この実践は、この三人の先生方のご理解とご快諾があったからこそできたのである。今さらながらに、感謝の気持ちでいっぱいである。

【準備物】

① 何をどうつくるかなどの指示が書いてあるワークシート。

② 名前シールを貼ったクリヤファイル。

③ ②のクリヤファイルに①のワークシートを入れたものを学級人数分そろえる。

【子どもたちに伝えてもらったこと】

次の四つについて、担任の先生方から各学級の子どもたちに伝えていただき、③を配布。

ア　家庭学習の内容のひとつとして短歌をつくること（一首だけ）に挑戦してみること。

イ　約一か月間、五回にわたって短歌をつくり、その後、お気に入りの作品一首を自分で決めてコンクールに出品すること。

ウ　短歌をつくることができなかった時には、ワークシートに記入せずに、そのままを担任に渡すこと。

エ　柳原が出題し、コメントを書くこと。

【どのようにつくったか】

幸運にもこのワークシートとファイルの多くが手元に残っていた。その日付をもとに、創作の過程を示す。

1　ワークシート「五・七・五・七・七で遊ぼう」

◎活動の名前を「五・七・五・七・七で遊ぼう」とした。活動名の横には「見たこと、したこと、思ったこと……どんなことでも、五・七・五・七・七に言葉を並べるだけで短歌になるよ」と記した。

◎短歌を作るためのテーマ、「五・七・五・七・七で遊ぼう」、テーマの横に短歌を五・七・五・七・七に分けて、五行に書き込める欄を作った。

◎子どもと教室で短歌をつくることはできないので、ワークシートに載せる言葉が説明や指示になるようにし、評価などのコメントは随時赤ペンで書き入れた。

2　題材と創作過程

〔□内は題材（　）内は家庭学習として出題した日　◎はワークシートに記した特記事項〕

「冬の景色」（1／23）

◎テーマの下に「風景、雪、氷、つらら、白い息……など冬の景色にある「もの」「こと」ならなんでもいいです」と付記している。

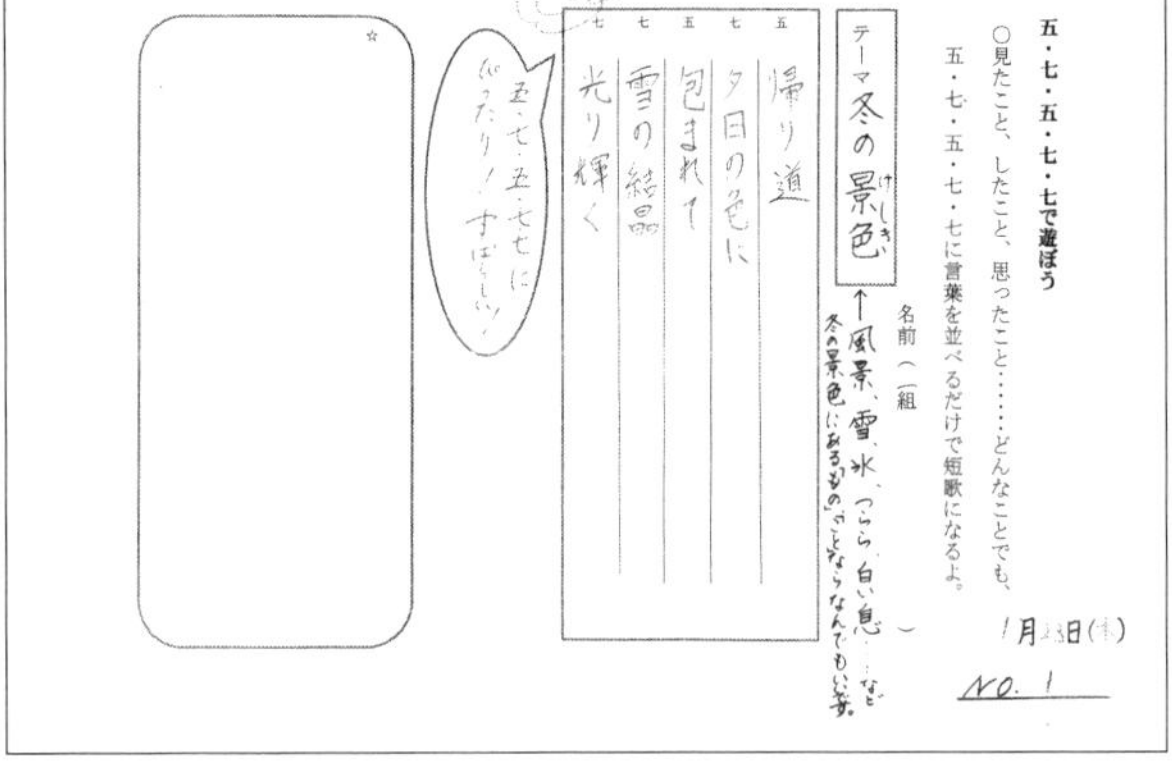

「遊び」（1／25）

◎五・七・五・七・七に下線を引き、「全部で三十一文字。この形式を「短歌」といいます。ちなみに俳句は五・七・五の十七文字ですね」と付記し、テーマ欄の下のは、「昨日、初めて作ったのに、みなさんよくできました。今日も気楽に作ってください」と書いている。

◎短歌を書く欄の横には、吹き出しにして、「ポイント①五文字、七文字にぴったり合わせるといいね。作ったあとに数えてみてね。」と吹き出しにして示している。

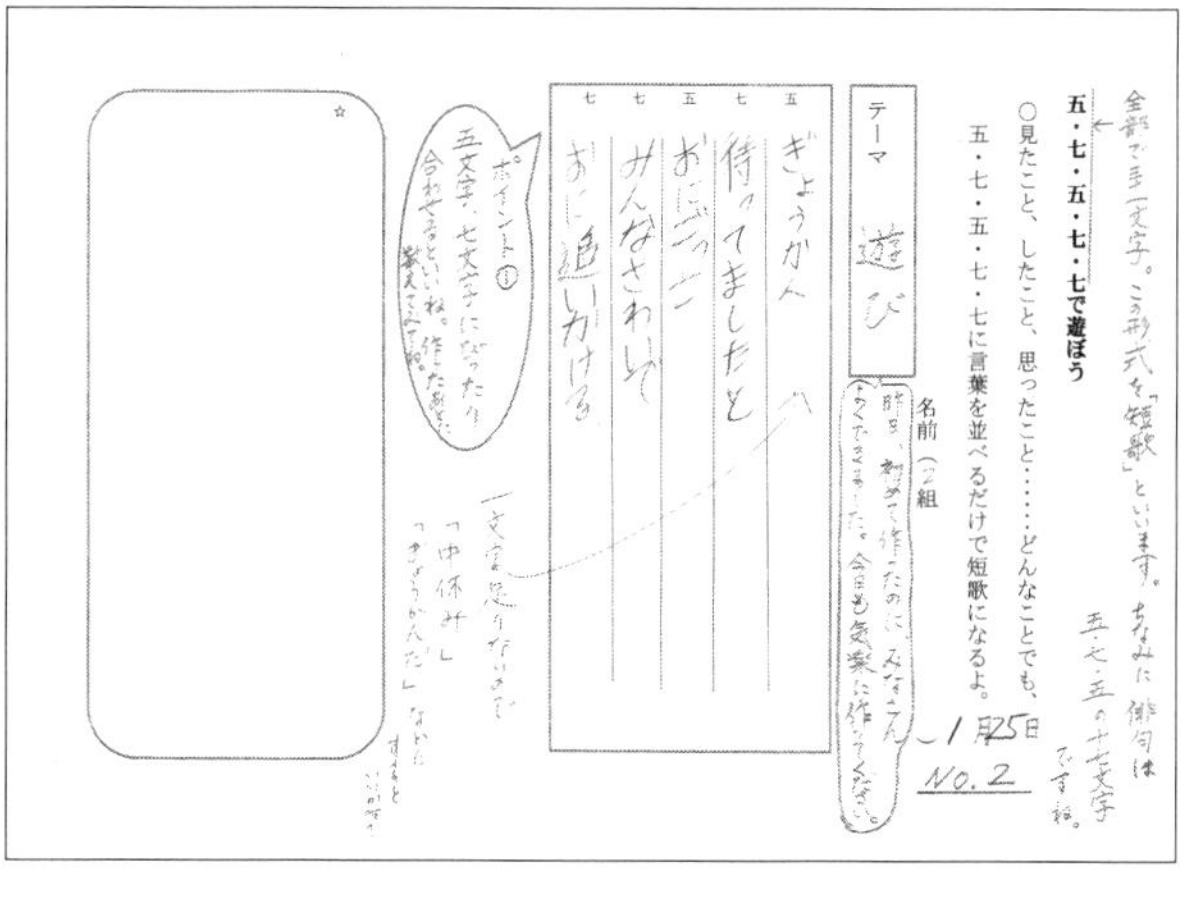

「今、思っていること、考えていること、感じていること。本やニュースの感想などもOK！」（1／29）

◎短歌を書く欄の横の吹き出しに「五・七・五・七・七」になれてきましたね。この調子です。」と書いている。

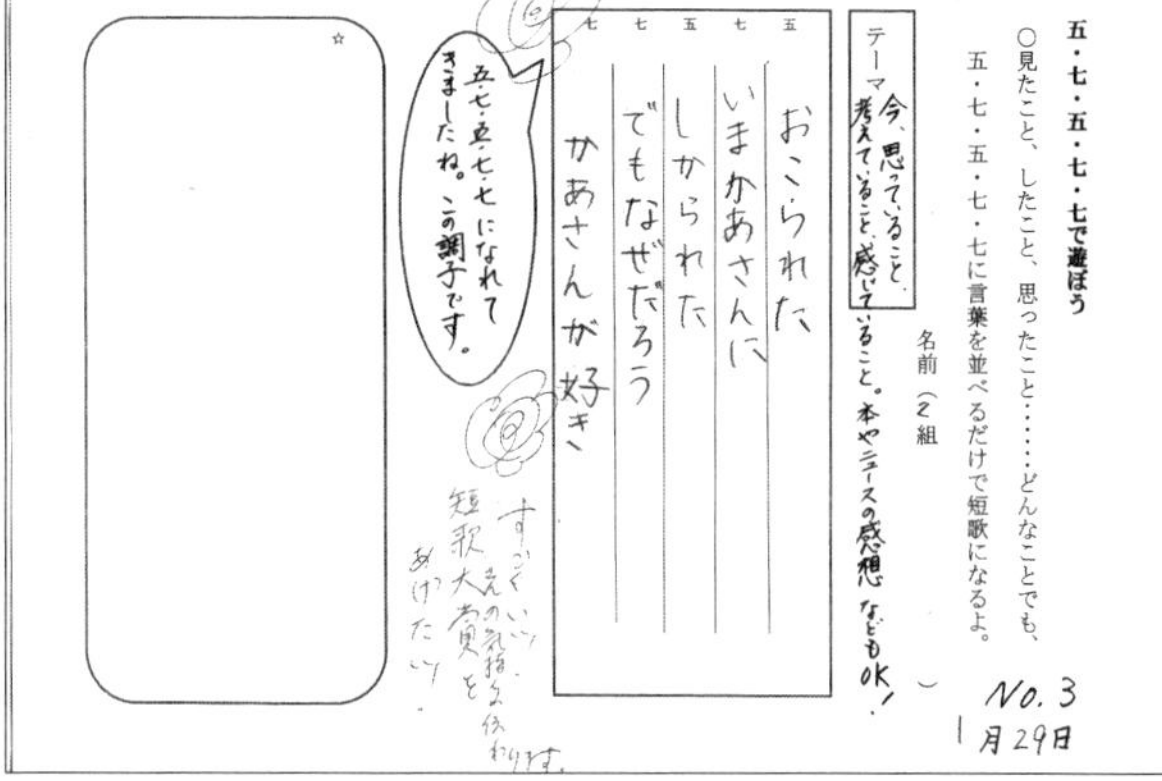

「大人」（２／７）

◎テーマ欄の下に、「大人について思うこと、感じること。大人という言葉を聞いて思いうかぶこと。こんな大人になりたいという思いなど……」と付記している。

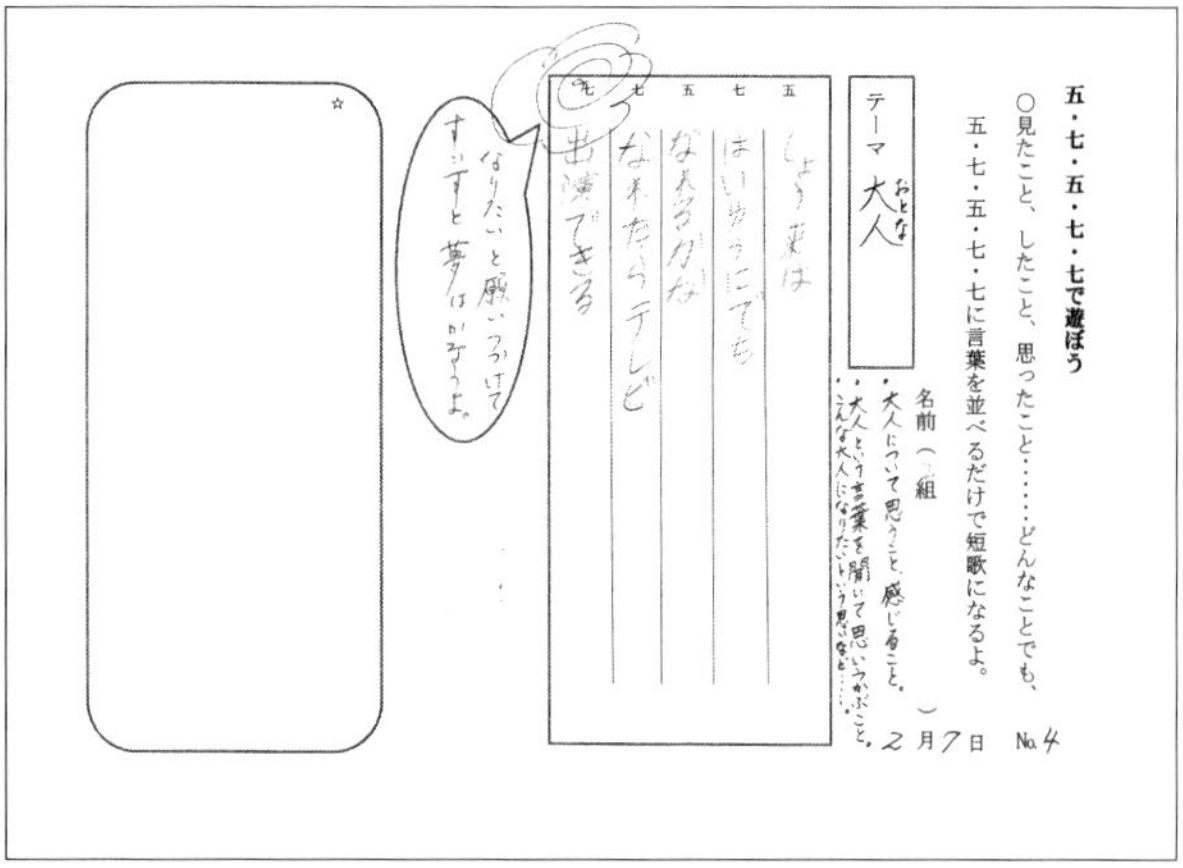

「石川啄木の人生を知って感じたこと・思ったこと」（2／14）

◎啄木の一生を五年生向けに書きまとめた資料（柳原が書き、B4判用紙両面に印刷）を配布。ワークシートの吹き出しに「プリントでは啄木となっていますが、正式には啄木と書きます」と記している。

◎ワークシート冒頭の余白に「短歌は一首、二首と数えます。ちなみに俳句は一句、二句と数えます」と記している。

「自分の作品に順位をつけ、第一位の短歌を清書する」（2／15以降。日付の明記無し）

◎ワークシートが二枚。一枚は作品を記入するためのもの、もう一枚が活動の仕方の指示。次のようだ。

「今まで五回にわたって五首の短歌をつくってきました。さて今回は二つのことをします。」

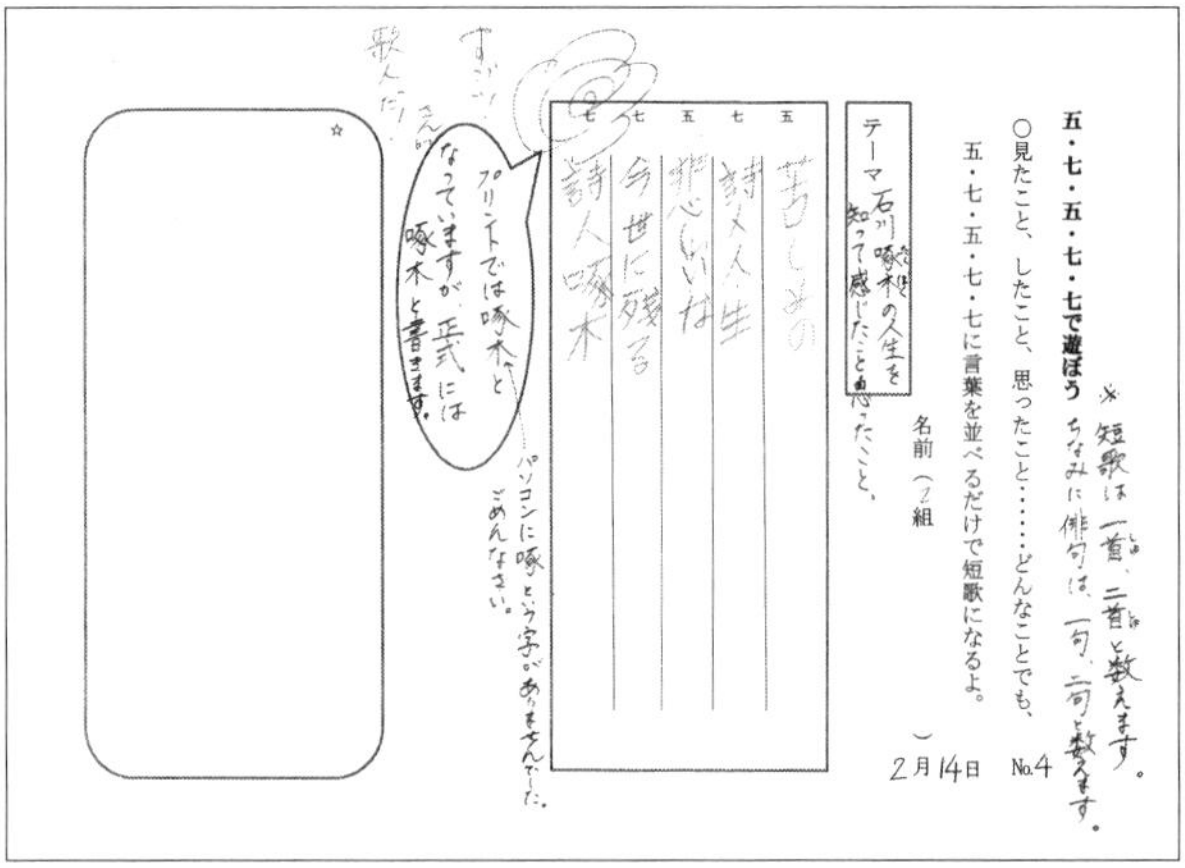

①自分がつくった短歌に順位をつける。
・先生のコメントをもとになおしてもかまいません。
・お気に入りの順位をつけて、五首全部を記入します。
②第一位の短歌を清書する。
・一番のお気に入りの第一位の短歌をえんぴつでこくはっきり、大きな字で、ていねいに書いてください。
・この短歌をコンクールに出品します。
・名前を忘れずに書いてください。
（・授業参観日に掲示することもあるかもしれません。）

これら六枚のワークシートを入れたクリヤファイルは、子ども・担任の先生・柳原の手を行ったり来たりした。まさに通信教育のレポートのようにやり取りをしながら、子どもたちは短歌をつくったのだった。作品は啄木短歌大会に出品し、授業参観にも全作品を掲示した。

短歌をつくり始めた三学期の約一か月間、五年生の子どもたちと算数科の授業でいっしょに学習するこ

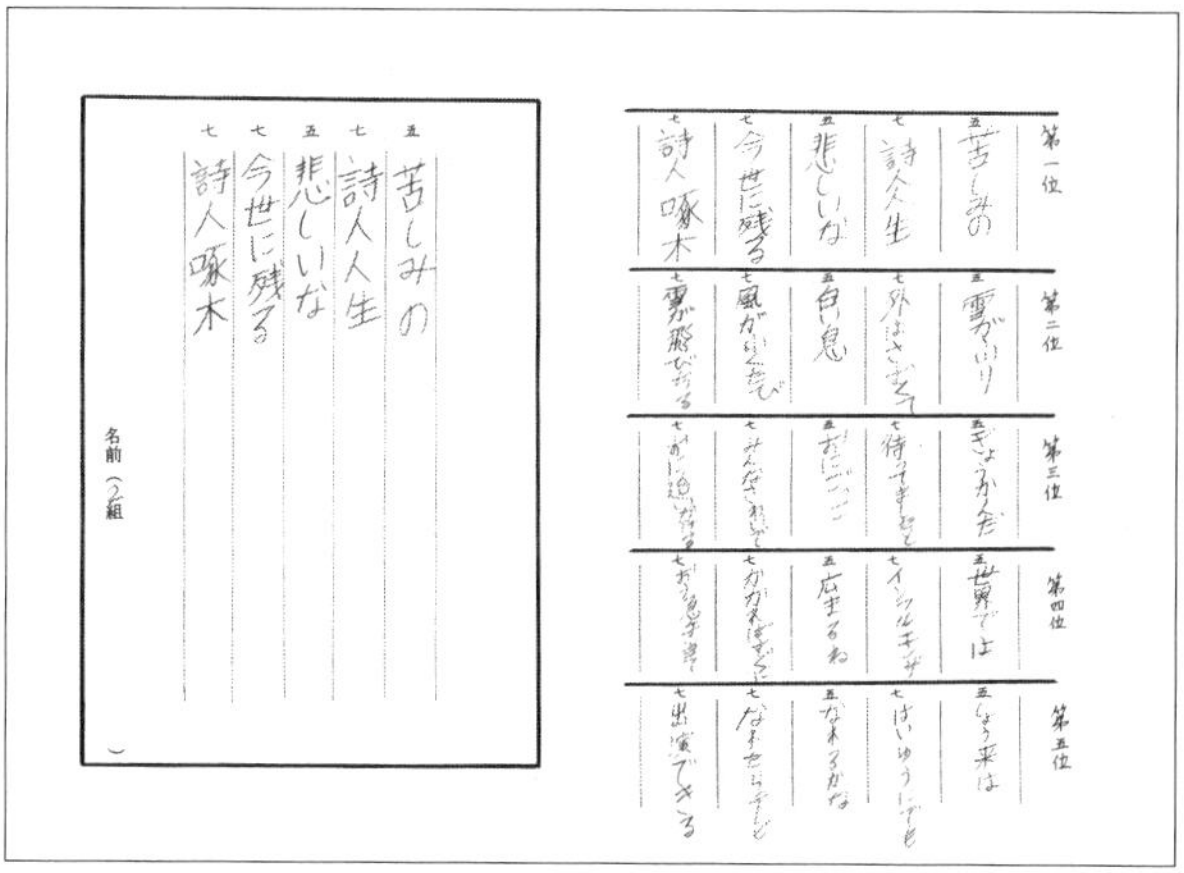

とはあったが、顔を合わせながら短歌をつくることはなかった。それでも、子どもたちは短歌をつくることができるということをこの学習活動を通して初めて知ったのである。そして、この方法でも子どもたちが短歌をつくることができるのは、やはり「短歌が五・七・五・七・七だけでいいこと。短歌が易しい」からなのだと再々認識したのである。

次にこの一か月に作った子どもたちの作品のいくつかを載せる。

たし算も　ひき算かけ算　わり算も　さっさとできる　オレになりたい
今日もだな　テレビラジオで　雪の害　雪となかよく　くらしたいのに
友達と　遊び遊ばれ　気がつけば　人っ子ひとり　いない夕やけ
おこられた　今かあさんに　しかられた　でもなぜだろう　かあさんが好き
けんかする　仲なおりする　くりかえし　だいじな仲間　あったかい友
この瞬間　何も思わず　固まって　ただ何もせず　ここにいるぼく
消費税　8%に　あがります　計算するのが　面倒になる
ひらひらと　まいふる雪は　手のひらで　のってはとけて　のってはとけて
大人はね　何で酒飲む？　分からない　大人になれば　分かるだろうか
雪遊び　雪玉づくり　つかれはて　ねころぶわれらは　スノーエンジェル

一歩ずつ　大人の階段　登ってく　りっぱな大人に　なれたらいいな
雪だるま　みんなわいわい　つくるけど　つくりおわれば　ひとりぼっちに
母さんは　いつも宿題　やれやれと　言われなくても　やっていますよ
鬼ごっこ　日が沈むまで　遊んだよ　明日は何を　して遊ぼうか

六　歌集をつくる

盛岡市立桜城小学校で歌集「四年山の頂上へ」、花巻市立花巻小学校で歌集「未来圏へ」を作った。その時の学習活動を紹介したい。一言で言えば「編集」活動。具体的には次の五つの学習活動をとおして、自分の作品群をつくるという活動だ。まず、歌集をつくることを知り、そのために、次の五つの学習をすることを子どもたちに知らせる。

一　子どもたちが今までつくった全ての短歌を読み返す。
二　つくった中から選ぶ。（「四年山の頂上へ」では十首。「未来圏へ」では五首。）
なぜ、その作品を選んだのか、伝え合い、その後最終決定。
三　推敲。選んだ作品で子どもが推敲したいと考えた作品を推敲。
四　選んだ作品を並べる。
なぜ、そのように並べたのか伝え合い、その後最終決定。
五　並べた作品群に題をつける。
なぜ、そのような題をつけたのか、伝え合い、その後最終決定。

二、四、五の活動場面に位置づけた「なぜ、その作品を選んだのか」、「なぜ、そのように並べたのか」、「なぜ、作品にそのような題をつけたのか」をペアやグループ、全体など形態をかえながら交流する。そして、その後に、自分で最終決定することに意味があったと思っている。

それぞれの場面で、意見を聞き合うことで自分の作品群を再考した子どももいれば、自分の考えた作品群に自信を持った子どももいる。そこには、歌集の一頁の三分の一に載せる自分の作品群を、ただ、作品を選んで並べて題をつけるのではなく、根拠を持って自分の作品群を作った子どもの姿があった。

根拠を持って選び、並べ、題をつけることを、編集ととらえて行ったが、本来であれば、さらに、それぞれの作品群をどのように並べ、章立てしていくかが、本格的な編集であろう。しかし、私には、この時の子どもたちの作品群づくりの様子が深く刻み込まれた。

これ以降、私は、根拠を持って作る時の手立てとして一から五の学習活動を教科や学習内容と子どもの様子に合わせて、使ってきた。一から五の活動は、六十分をめどに行うのがよい。四十五分では忙しいだが、九十分はいらない。六十分がちょうどよかったことを覚えている。

次頁に平成十九年度花巻小学校六年生の歌集「未来圏へ」の中から、いくつかの作品群を紹介して、この項を閉じる。

旅

A・R

雨降る日　一人で泣いて　雨宿り　賢治もそんな　日があったかも
雪が舞う　狐の足跡　くっきりと　おいでとぼくを　遊びに誘う
花畑　心休まる　場所となる　目に入る花　花花花よ
けんかして　雨も降る降る　山からも　風も吹く吹く　あやまれと言う
桜散る　道のりだけが　目に映る　散る花びらも　踊って落ちる

物語

S・D

冬の雪　とけるころには　春がすぐ　卒業とともに　近づいている
ぼくの夢　ころころ変わって　しぼれない　優柔不断な　ぼくが変われよ
海猫に　かっぱえびせん　あげたぼく　ひそかに自分も　ちょこっと食べる
おもしろい　時は時間が　すぐ過ぎる　同じ時間も　暇だと長い
希望なく　勉強やらず　つまらない　日々を送った　日もある賢治

描く

S・T

あの時は　重く感じた　ランドセル　それでも今は　小さく感じ
朝起きて　窓ごしに見る　銀世界　枯れ葉の山は　どこへ行ったか
賢治さん　絶筆二首の　あの字には　死を前にして　何を思うか
暑い日も　寒さにふるえた　あの時も　卒業までに　思い出となる
今までを　ともに過ごした　六の一　桜咲くころ　中学へ行く

笑顔満開

S・R

花巻は　賢治が息づく　街だから　賢治の息吹　いっぱい感じる
私たち　いつも楽しく　授業する　たまに叱られ　みんなしょんぼり
賢治の字　日本語だけど　読めません　でもそれがいい　一つの魅力
あいうえお　かきくけこさし　すせそたち　これらも全部　みんなと学んだ
雪合戦　いけいけ当てろ　その調子　手袋はずすと　真っ赤っかの手

七　歌集「小さな歌人たち」の前に

第Ⅱ部歌集「小さな歌人たち」に載せた子どもたちの短歌作品について少し触れることをお許し願いたい。

歌集「小さな歌人たち」は「賢治の扉」「啄木の窓」「それぞれの道」の三部に分かれている。

「賢治の扉」は、賢治の歴史的事実や賢治作品を題材にしてつくった短歌作品。

「扉Ⅰ」六年生がつくった作品（平成十九年度）。「扉Ⅱ」は一年生と二年生の作品（平成二十年～二十一年度）。同じ子どもたちの一・二年生時の作品である。その子なりの作品の雰囲気の変化、その一方で、変わらずにあり続けるその子なりの表現の特徴が垣間見られる作品もある。「扉Ⅲ」は、四年生の作品（平成二十二年度）。

「啄木の窓」は啄木の伝記的事実をもとに作った短歌作品。

子どもたちは、自作の伝記（啄木の人生を３５００字程度にまとめ、印刷して綴じたもの）を読んで啄木の伝記的事実を知り、その時に知ったことや感じたことをもとに短歌をつくった。

「窓Ⅰ」は四年生の作品（平成二十三年度）。「窓Ⅱ」は五年生の作品（平成二十五年度）。四年生と同じ子どもたちではない。私は、この時、五年生の子どもたちの担任ではなく、研究主任という立場で、算数科のＴＴ指導のＴ2として授業に入っていた。五学年の先生方に、ご理解とご協力を得て、家庭学習に位置づけて取り組んだ。１００名の子どもたちに短歌ファイルを持たせ、短歌定型の導入から、創作まで、ファイルでのやり取りだけで行った。通信教育をしているような、子どもたち一人一人と短歌創作で交換日記をしているような、初めての楽しさがあった。この時に作った短歌からは、啄木の伝記をもとにして作った短歌だけを載せている。

「それぞれの道」は平成二十五年度以降に担任した子どもたちが、自分の作品の一番のお気に入りとして選んだ作品。題材は自由。

「道Ⅰ」は、クリヤファイルのやり取りをして短歌をつくった五年生の作品（平成二十五年度）。子どもたちが一番のお気に入りとして選んだ作品である。

「道Ⅱ」は一年生の作品（平成二十六年度）。この時の一年生は、啄木の伝記を題材に短歌をつくる学習もしている。自作の伝記を一年生向けに作り替えて実践した。しかし、その時の全作品は手元に残っておらず、子どもがお気に入りの作品として選んだ作品が数点あるだけである。「道Ⅲ」は二十七年度以降の複数の学校の六年生の作品である。作品が手元に残っておらず、歌会の資料として残っていた作品や下書き用の短歌シートの作品なども交じっている。

Ⅱ　歌集「小さな歌人たち」

一　賢治の扉

扉一

平成十九年度　２００７　六年生

1 「日輪と山」本物の　作品は　ぎゅっとつまって　迫力がある　K・R

2 雨降る日　一人で泣いて　雨宿り　賢治もそんな　日があったかも　A・R

3 絵も描ける　そんな賢治も　体育は　苦手なところ　私と似てる　K・N

4 賢治さん　そばとソーダが　お気に入り　そのおいしさが　どうもわからぬ　K・N

5 花巻は　賢治のふるさと　この道も　ゆかりある道　大切な道　A・R

6 希望なく　勉強やらず　つまらない　日々を送った　日もある賢治　S・D

7
風が吹く　イギリス海岸　波・波・波　今日もまた来る　新しい日が
O・K

8
春と修羅　永訣の朝　松と針　ほかにもあった　賢治の原稿
O・K

9
賢治さん　絶筆二首の　あの字には　死を前にして　何を思うか
S・H

10
この道を　賢治さんも歩いたと　しみじみ思い　ゆっくり歩く
T・S

11
花巻は　宮沢賢治　住んでいた　そこに私も　住んで生きている
K・A

12
賢治さん　先輩として　花小を　卒業したの　われらの誇り
O・A

13
花城小　明治三十六年に　入学したよ　宮沢賢治
O・Y

14　花巻は　賢治あふれた　町だから　賢治の文化　いっぱいさぐろう　O・R

15　賢治さん　いつもやぶ屋の　注文は　なぜかいつもの　そばとサイダー　O・R

16　賢治さん　豊沢町に　生まれたよ　今まで残った　賢治の生家　I・K

17　城址の　あれ草に寝て　心静か　芝刈り機の音　かぜに交じり来　O・K

18　学び学園　花巻高等　女学校　賢治の妹　トシが卒業　O・K

19　賢治さんの　産湯に使った　庭にある　井戸の石垣　水に洗われ　O・K

20　四角山　景色がいいな　きれいだな　めくらぶどうの　実が熟してる　K・D

21
春と修羅　ここで印刷　したんだよ　しかし今では　だんご屋さんに
K・D

22
賢治さん　童話と短歌と　詩と手紙　全部が全部　賢治そのもの
K・S

23
花巻の　豊沢町に　賢治の家　戦後二回も　直され偲ぶ
K・M

24
城址に　学校がある　花巻小　賢治の跡も　しっかり残る
K・A

25
賢治さん　今の公園　思い描けば　短歌を作る　賢治の姿
I・K

26
この道を　宮沢賢治も　通ったか　ふとつぶやいて　歩きたくなる
K・A

27
賢治さん　荒れ草に寝て　空を見た　思うといつも　平和に思う
I・Y

28
花巻の　駅前今は　道路となり　昔はここを　電車が通る
S・Y

29
四角山　登ると聞こえる　風の音　木のゆれる音　風にまじり来
S・R

30
賢治さん　兄弟五人の　長男で　花城小では　優等生だ
S・K

31
「八月の記念日」
初めての　賢治の授業　受けた日は　賢治が生まれた　二十七日
S・S

32
賢治さん　大きな花壇　造ってる　色とりどりの　花が今なお
S・S

33
城址の　あれ草に寝て　心落ち着く　花の香りが　風に交じりき
S・S

34
春と修羅　印刷をした　古い店　今はだんご屋　花よりだんご
S・T

35
賢治さん　花をたくさん　植えている　色とりどりの　花に癒され
S・M

36
花巻は　賢治の生まれた　ところです　私も同じ　花巻生まれ
S・M

37
建物に　賢治の面影　さがそうと　照井だんご屋　ぐるりと見回す
S・Y

38
死の直前　賢治が書いた　たくさんの　短歌があった　生の原稿
S・Y

39
花巻は　賢治のふるさと　歴史あり　何を思うか　祖父母の背中
S・Y

40
城址は　長い時経て　残りたる　一面広がる　秋の草原
S・Y

41
賢治さん　東屋に来て　歌作る　周りの景色に　思いがつのる
I・N

42
花巻は　賢治が息づく　街だから　賢治の息吹　いっぱい感じる　S・R

43
賢治の字　日本語だけど　読めません　でもそれがいい　一つの魅力　S・R

44
誇りです　土も知ってる　賢治さん　星も知ってる　宮沢賢治　S・R

45
賢治さん　花壇も作る　すごい人　心も広い　世界も広い　S・R

46
「ファンタジア　オブ　ベートーベン」
夏の風　吹きつけるなか　生き生きと　色鮮やかに　花たち揺れる　T・S

47
賢治さん　私の父の先輩で　みんなは賢治　先生と呼び　T・N

48
賢治さんの　花壇が残る　中庭の　花の香りも　辺りに残る　T・N

49
自分家の　近くにあった　賢治跡　いつも見ていた　ぼくの通学路
T・S

50
賢治さん　あれ草に寝て　こころむなし　ぼくもいっしょに　あれ草に寝る
T・S

51
あずま屋の　中で聞こえる　鳥の声　目を閉じる時　賢治の姿
T・K

52
城址の　形そのまま　残ってる　賢治の気持ちも　そのまま残る
T・M

53
城址に　学校がある　それはどこ？　まさに花小　賢治の母校
T・M

54
賢治さん　作った花壇　今もなお　静かに残る　花巻病院
H・T

55
駅の前　今は道路になっている　昔はここを　電車が　通る
H・T

56　賢治さん　短い生涯　生き抜いて　ぼくらのために　足跡残す　H・S

57　城址の　白壁にある　見張り穴　賢治も見たか　花巻の町　M・Y

58　イーハトーブ　花巻である　この町は　賢治のふるさと　自分のふるさと　H・S

59　賢治さん　短い間の人生は　いいも悪いも　ごちゃまぜにあり　H・H

60　宗次郎と　音楽などを　語り合い　賢治自作の　歌を示され　Y・M

61　賢治さん　オオバタクルミ　発掘し　イギリス海岸　発見の場所　I・N

62　賢治さん　イギリス海岸　名付けたり　北上川は　今日も流れる　I・N

扉　二

平成二十年度　2008　一年生

1　じょばんにと　かんぱねるらが　のるれっしゃ　ぎんがのなかを　ちずもみないで　T・K

2　けんじさん　ぼくとかけっこ　しませんか　かぜにのったら　ぼくははやいよ　N・Y

3　ジョバンニは　カンパネルラと　たびにでた　おやつももたずに　さみしくないの　N・Y

4　よくはなく　よくみききして　わすれない　そんなこどもに　ぼくなれるかな　S・T

5　ぼくはすき　ぎんがてつどう　はしるおと　うちゅうにつづく　うずまきみたい　T・Y

6　ともだちと　きっとうたえる　ラララララ　ほしめぐりのうた　けんじしゅうかい　J・N

7
じょばんにと　かんぱねるらは　おしゃべりを　しずかにずっと　しつづけたんだ
O・Y

8
やまねこは　だましたばつだ　たべられず　わかいしんしも　じぶんにがっかり
K・T

9
ぎんがでは　かんぱねるらと　じょばんにが　ゆめのせんろを　はしったのかな
K・K

10
ぎんがには　ぎんがてつどう　はしってる　ほしのせかいに　ぼくもいきたい
Y・S

11
しあわせの　ぎんがにはある　じょばんにと　かんぱねるらが　いっしょのれっしゃ
S・K

12
ぎんがには　ぎんがてつどう　はしってる　さそりざのほし　しあわせのほし
N・H

13
どあのおく　きんのめだまが　ひかってる　すごくこわそう　やまねこけんだ
O・K

14　おともなく　さあっとすすむ　きがするよ　ぎんがてつどう　よぞらをすべる　I・K

15　おしえてね　きらいなにんじん　どうやって　たべたらいいの　けんじせんせい　Y・M

16　ぽかぽかのおひさまいっしょにあそんでる　ポランのひろばの　いちょうのはっぱ　T・T

17　あっ、あそこ　ぎんがてつどう　はしってる　さぎもつづいて　だんすしている　H・A

18　やまねこけん　いっぱいのどあ　こんにちは　ひらいていくたび　さよならばかり　O・N

19　「ほんとうの　しあわせ」という　ことだけど　しりたいような　いらないような　K・H

20　やまねこの　わなにかかって　しょんぼりと　かえるしんしが　やせてみえるよ　S・R

21
いつもみる　そらをみあげて　さがしてる　ぎんがてつどう　えきはどこかな
O・S

22
じょばんにと　かんぱねるらが　たびにでる　いつかわたしも　いくひがくるの？
S・A

23
さぎたちは　よぞらいちめん　とんでいる　くろいうちゅうに　みるくのように
K・S

24
けんじさん　いまごろなにを　しているの　やっぱりおはなしつくっているかな
K・Y

25
やまねこの　いうことばかり　きいている　ふたりはいつか　たべられるかな
U・M

26
こどもたち　ほしのまつりで　にぎわって　まいごになって　しまわないかな
N・M

27
けんじさん　みんながおぼえて　よんでいる　あめにもまけず　だいにんきなの
T・M

28　ちゅうもんが　ながいことだね　やまねこは　おなかすいても　もうすこしだよ　S・T

29　たべられる　そのときいぬが　やってきて　ねこはやられた　いぬはつよいな　K・S

30　にじいろの　ぎんがてつどう　のったなら　しずんだふねや　さそりをみたよ　S・Y

31　いぬがくる　クリームをぬる　りょうしたち　やまねこのいえ　たすけにいくぞ　T・K

32　いぬがくる　クリームぬって　しおもんで　たべられそうな　しんしたすけた　K・S

33　かみぬらせ　クリームつけろ　しおでもめ　なんでこんなに　ちゅうもんばかり　S・Y

34　ちゅうもんが　ながいことだね　やまねこは　おなかがすいても　きいちゃだめだよ　S・K

35　やまねこが　きんいろのめで　ねらってる　ふとってわかい　ふたりのしんし　S・J

36　きんいろの　ふたつのめだま　みているよ　クリームぬって　おいしそうだな　K・Y

36　クリームと　こうすいかけて　大ピンチ　いぬにあえたら　だっしゅつせいこう　N・H

37　ひとなのに　クリームつけて　おかしいな　やまねこのみせ　ふしぎなおみせ　M・M

38　もしぼくが　ぎんがてつどう　のったなら　まちじゅうみえる　うちゅうもみえる　S・Y

39　犬にげて　クリームをぬる　りょうしたち　やまねこのうち　やまねこのもり　H・H

40　はやくきて　クリームぬって　しんしたち　いまにもたべられそうになってる　K・A

41　たべられる　やまねこのみせ　はいったら　こうすいぬって　クリームぬって　H・A

42　レストラン　いぬとはぐれて　はいったら　ねこが大すき　にんげんサラダ　M・K

43　やまねこの　レストランでは　にんげんが　からだにクリーム　ぬるんだってさ　T・S

44　ほしたちが　ぎんがてつどう　みおくるよ　カンパネルラも　てをふっている　K・Y

45　やまねこが　おみせやってる　おもしろい　ドアがいっぱい　ちゅうもんいっぱい　O・N

46　やまねこが　ふたりをだまして　クリームぬって　からだにしおかけ　たべようとした　T・H

47　ほしたちが　ぎんがてつどう　のってるね　さそりとさぎが　おはなししてる　S・S

48　ほしたちが　ぎんがてつどう　みおくるよ　よだかのほしも　ふたごのほしも　Y・H

49　ジョバンニが　ぎんがてつどう　のってみた　はくちょうたちが　ダンスをしてた　K・I

50　くらいよる　ルビーのように　ひかるのは　まっかにもえた　さそりのからだ　S・S

51　やまねこが　りょうりてんを　ひらいてる　ひとがたべられそうになったよ　O・R

平成二十一年度　2009　二年生

52 らす地人　きょう会の　へやまんまるい　ような空気が　ただそこにある　K・S

53 おきな草　根と根を土に　入れながら　お日さま見上げて　今日も立ってる　K・T

54 百年の　ずっとむかしの　この時に　いたのねここに　賢治先生　T・T

55 ふくろうは　しあわせはこぶ　鳥なのに　もらうしあわせ　気づかないだけ　K・H

56 花巻の　農業高校　への道を　賢治先生　思って歩く　T・K

57 こうだった?　百年前も　千万の　たねがあつまる　マリーゴールド　K・Y

58　空気じゅう　どこが目なのか　口なのか　手も足もなく　わたしをさそう　U・M

58　ふくろうが　のろづきおほん　さけぶなら　かけ算九九も　いっしょにさけぶ？　N・Y

59　ししおどり　ささらをつけて　ダアスコダ　かみをなびかせ　はく手をせおう　O・S

60　けんじさんの　思い出いっぱい　らす地人　きょう会のやね　ひこうきがとぶ　I・R

61　お月さま　よるもまんまる　光ってる　ねむくならない　ひみつの力　N・Y

62　いくつある？　わたしは七つ　知ってるの　一番すきな　注文の多い料理店　H・I

63　けんじしひ　風がざわざわ　する中で　歌ってとどける　「雨ニモマケズ」　N・H

64 「星めぐり」 三百二十の　ふくろうが　おしろの森で　ぶとう会する　N・M

65 百本の　マリーゴールド　空見上げ　百周年の日　花のさいた日　O・K

66 こんばんは　まんまるまるるん　お月さま　今夜はわたしが　歌ってあげる　Y・M

67 ふくろうよ　ほうほうないて　はばたいて　ほうほうとんで　わたしにとまれ　S・A

68 こっち見て　よそ見しないで　お月さま　「雨ニモマケズ」　歌うんだから　O・N

69 けんじさい　歌がひびくよ　風にのり　雨ニモまけず　ぼくもがんばる　Y・S

70 百ぴきの　ふくろういっぱい　とんでいる　みんなばたばた　木にも止まるよ　S・K

71
いい歌が　聞こえてくるよ　どこからか　歩いていると　木が歌ってる
S・T

72
ぶどう会　歌を歌って　にぎやかに　のろずきおほん　ふくろうがなく
K・K

73
けんじさい　「雨ニモマケズ」歌ったの　天国にいる　けんじさんへと
T・M

74
よるになく　ふくろうの声　おほほんと　わたしならなく　青空の下
S・R

75
二・五年の　かしわばやしの　ふくろうの　うたにホッホウ　ぼくもホッホウ
J・N

76
ぶどう会　歌っておどる　だい三夜　みんなでおどろ　みんなで歌お
O・Y

77
けんじさん　百しゅうねんだね　おめでとう　げきも楽しく　できたんだよね
K・S

78　ジョバンニは　ぎんがてつどう　のったよね　うちゅうのたびへ　わたしも行きたい　O・N

79　かしわの木　みんなで歌って　ぶとう会　おどっておどって　大さわぎだよ　N・H

80　貝の火は　おこられたのに　くもらない　きれいな色に　かわってばかり　S・K

81　かしわの木　だれが一ばん　じょうずかな　うたっておどって　はっきんメダル　S・Y

82　まつりのばん　おだんごたべた　山男　たりないお金を　もらってうれしい　S・Y

83　星めぐり　いろんな星が　あつまって　空からぼくを　みまもっている　S・S

84　ホモイはね　わるさをしたから　貝の火が　ぱらぱらわれて　かわいそうだな　T・K

85
ふくろうは　よるに出てきて　あそぶんだ　木から木へとび　たのしそうだね
S・Y

86
ふくろうは　楽しいダンス　おどります　くるくるくるりん　のろづきおほん
S・S

87
貝の火は　いじわるすると　くもるんだ　さいごにわれて　かわいそうだね
S・S

38
星めぐり　いろんな星が　いっぱいだ　みんなの星も　楽しそうだね
O・R

89
かしわの木　みんなでうたう　楽しいよ　みんなでおどる　くるくるくるりん
K・I

90
貝の火に　いろんな花が　さいている　にじ色きらり　かがやいている
K・Y

91
まつりのばん　まつりばやしや　手おどりを　うたっておどって　たのしそうだよ
T・S

92　ふくろうは　空からとんで　やってきた　あいにきたよ　大王さまに　H・H

93　山おとこ　まつりばやしに　さそわれて　たべたおだんご　おいしかったよ　T・H

94　けんじさん　ふくろう見つけて　はなしたよ　どんなはなしを　したのかしりたい　M・M

95　かしわの木　うたっておどって　大さわぎ　ぼくもおどった　みんなもおどった　K・A

96　けんじさん　ぎんがてつどう　たのしいよ　ぼくもぎんがで　たびをしたいな　S・T

97　かしわの木　うたっておどって　たのしいな　いっぱいおどって　えだがゆれるよ　K・S

98　星めぐり　みんなの星が　きれいだね　がんばったんだよ　百しゅう年だ　K・Y

99
かしわの木　うたってさわいで　たのしいな　おどるよおどる　心もおどるよ
S・J

100
けんじさん　楽しいどう話　つくったよ　けんじさんって　どう話の天才
M・K

101
星めぐり　いろんな星たち　いるんだよ　空の上から　ピカピカひかる
Y・H

102
けんじさん　空からたのしく　聞いてます　わたしの歌は　じょうずでしたか
H・A

平成二十一年度　２００９　同二年生

103 きらきらと　ピンクの花が　かわいいな　しだれざくらを　わたしも見たい　H・A
104 うんどう会　みんなでおどった　ししおどり　みんながしかに　なっておどった
105 青空を　見たら雲たち　わらったよ　ぼくもわらった　みんなわらった　K・T
106 ししおどり　けんじさんもね　すきだった　楽しくおどって　すっきりさわやか
107 たんぽぽが　ゆれておどるよ　楽しいよ　ゆらゆらゆれる　たんぽぽゆれる　S・K
108 おひるだよ　おいしいおかず　食べるぼく　うんどう会の日　楽しいおひる
109 すみれの子　ぴょこんとおじぎ　しているよ　土の上から　ぼくを見ている　Y・S
110 ししおどり　みんなでやったよ　楽しいよ　たまらないよね　うれしかったよ

111　リレーだぞ　みんなおうえん　ありがとう　ぜんりょくだして　バトンをわたす

112　お日さまが　ぐんぐん光る　青空で　ちょうちょもいっぱい　あそんでいるよ

N・Y

113　ふきのとう　春の子だよね　かわいいよ　春だからくる　春のチャンスだ

114　いそいでる　一位をめざし　まっしぐら　わくわくするよ　ゴールは目の前

O・N

115　さくらたち　きれいな色して　おちてゆく　さよならするの　もったいないな

116　ししおどり　たいこのおどり　つのおどり　足をふむ音　まだのこってる

K・S

117　お花のめ　ぴょこんと顔を　出している　青空を見て　ゆらゆらしている

118　ししおどり　元気いっぱい　おどったよ　風もいっしょに　おどっていたよ

U・M

119　ありさんは　食べものはこぶ　すの中に　はたらきものの　ありさんすごい

120　赤のみち　えらんでみたら　かみさまが　二位にしたんだ　チャンスレースで

O・Y

121 おべんとう　みんなで食べて　おいしくて　うんどう会の　おひる休みよ　K・H

122 ひらひらと　ちょうちょがゆれる　青空を　いっぱいゆれて　りぼんみたいだ

123 さくらさん　ぴょこんとおじぎ　こんにちは　春が来たねと　ささやいている　S・A

1274 うんどう会　たのしく食べる　おべんとう　がんばったねと　ほめられもぐもぐ

125 たいようは　いっつも光る　わらってる　えがおぴかぴか　春のたいよう　S・R

126 ししおどり　青空の下　わくわくと　みんなのはく手　うきうきしたよ

127 ときょうそう　ゴールめざして　がんばった　はじめてとった　一とうのリボン　K・Y

128 パンジーは　いろんな色を　しているよ　どんな色でも　にこにこ見える

129 七五三　きれいなきもの　うれしいな　またいきたいな　七五三にね　T・T

130 ししおどり　おどっておどって　本ばんを　おわったあとは　すっきりしたよ

131 みつばちは　お花のみつを　すいにくる　花もうれしい　はちもうれしい
132 青いバトン　もらって出番だ　さあ走る　一位をとって　赤組にかつ　T・M

133 やった二位　チャンスレースの　かみさまが　ぼくにくれたよ　みどりのリボン
134 ふきのとう　うすきみどりの　花さいた　おめでとうだね　春の花さく　S・T

135 つくしの子　ぴょこんとおじぎ　しているよ　土の上からぼくを見ている
136 ときょうそう　ゴールめざして　はしるぼく　かぜよりはやく　テープをきるよ　J・N

137 青空の　中は広いよ　どれくらい　おわりはないよ　どこまでも行く
138 ばんこっき　風がふくたび　ゆれている　空の上から　おうえんしていた　T・K

139 お日さまは　青空てらす　お友だち　雲も友だち　空も友だち
140 ばんこっき　風が吹くたび　おどってる　空の上から　力をくれた　N・H

扉　三

平成二十二年度　２０１０　四年生

1　風がふき　もみじがかさりと　まいおりる　又三郎の　気配を感じて　S・M

2　ゴーゴーと　うなってとどく　滝の音　どんぐりたちの　争いも消す　S・A

3　ぼだい樹の　くるくる回る　あの種は　風に乗せられ　銀河に行くのか　S・T

4　大空の　滝の真下で　石を打つ　水のしぶきは　嵐のように　M・H

5　どんぐりと　山猫がする　さいばんが　なんだか分かる　峠の山道　O・K

6　三日目の　めんどなさいばん　一郎が　言ってることは　正しいのかな　A・H

7
上見れば　もみじの天井　手を広げ　すきまに聞こえる　大空の滝
T・Y

8
山ねこが　このどんぐりの　争いに　困りはてたと　思えないぼく
S・M

9
大空の　滝遠くから見せている　大じゃがうねる　ような迫力
K・K

10
なめとこの　風さわさわと　耳なでる　風が知らせる　童話のひみつ
T・N

11
カメの木や　トチやモミジの　変身を　見とれて賢治も　すごしていたのか
N・S

12
ブナの森　だけど行く手を　はばむひょう（雹）　なめとこ山の　おくりものかも
H・Y

13
どんぐりは　ゴロゴロゴロゴロ　ころがって　ゆっくり根がでて　りっぱな木になる
N・Y

14
中山の　峠めざして　歩いてく　ここが賢治の　水のカーテン
H・H

15
大空の　滝の水音　するけれど　白いけむりの　ように落ちてく
N・Y

16
なめとこの　山につたわる　滝の音　熊の親子も　きっと聞いてる
I・M

17
中山の　峠の葉っぱの　何万の　そまった色が　秋を教える
O・K

18
なめとこの　山　赤や黄に　そまってる　賢治もこの絵を　見つめていたか
K・Y

19
滝つぼを　ロープを持って　行くときは　とてもこわごわ　ついてきらきら
Y・Y

20
ブナの森　どんぐりたちの　背くらべ　砂利なの石なの　どれがどんぐり
K・T

21
ゴーゴーと　着陸旅客機　だすような　音でむかえる　大空の滝
S・T

22
ブナの森　なめとこ山の　熊たちの　冬のすみかの　深い穴ぐら
O・N

23
どんぐりの　めんどな争い　三日間　やってられない　ぼくならやめる
K・S

24
ブナの森　パチパチパチパチと　なりひびく　なめとこ山の　ぼくへのあいさつ
S・T

25
ブナの森　進んでいった　その先に　大空滝が　ぼくを待ってた
H・Y

26
山登り　中山峠を　歩いてて　初めて見つけた　香る丸い葉
O・K

27
大空の　滝をめざして　やっときた　その音・景色は　今もわすれず
B・A

28　山の道　落ち葉をひろい　ワイワイと　とてもすてきな　なめとこ山だ　T・H

29　ゴーゴーと　大空滝が　よんでいる　そんなさなかに　ひょうが落ちくる　T・K

30　峠道　土地の実　カエデ　どんぐりが　ひろわれていく　ぼくの手のひら　S・S

31　なめとこの　けわしい道も　一歩一歩　ふみしめみつけた　みんなのえがお　O・T

32　歩くたび　なめとこ山の　神様が　山の音楽　聞かせてくれる　T・S

33　のぼり坂　色とりどりの　葉を拾う　いくつもいくつも　一枚一枚　S・S

34　どんぐりが　ぼくがえらいと　いばってる　むねをはっても　みにくい姿　K・H

35
ブナの森　どんぐりいっぱい　落ちている　せいたか　とんがり　形さまざま
O・A

36
もみじの葉　いっぱいあった　すごい数　だからいっぱい　とりまくりだな
K・K

37
モミジの葉　中山峠に　赤黄色　拾うたびごと　楽しい気持ち
S・H

二　啄木の窓

窓　一

平成二十三年度　２０１１　四年生

1　啄木は　貧しさ乗りこえ　生きてきた　そばにはいつも　短歌があった　M・M

2　金がない　ときにもそっと　貸している　友人達の　心があつい　H・R

3　啄木は　家族を残し　去るなかで　『悲しき玩具』　残していった　A・T

4　五才から　学校へ行き　神童と　言われて始まる　天才の道　M・H

5　啄木さん　貧しいときも　短歌よむ　それがどうして　できるか疑問　H・S

6　啄木は　短歌すべてが　人生だ　楽しくっても　苦しくっても　I・S

7
啄木が　天才詩人と　言われてる　わけは短い　人生にもある
I・S

8
啄木は　いろんな所　行ってます　こんな若さで　一人上京
M・N

9
わかんない　石川啄木　なぜだろう　苦しみながら　短歌をつくる
M・R

10
十六才　大人になっても　いないのに　一人たびだつ　東京めざし
Y・T

11
啄木は　短い人生　だったけど　啄木短歌は　生きているんだ
M・H

12
啄木は　苦しみながら　つくるのか　つくっているから　苦しくなるのか
S・K

13
啄木は　この世にいない　でも今も　残っているぞ　詩や短歌たち
U・S

14　五才でね　小学校に　入ったの　そんなにすごい　実力あったの　S・K

15　歌にある　渋民村は　ほんとうに　恋しい村か　ふしぎに思う　S・S

16　啄木は　詩と短歌書き　本にして　苦しい生活　のりこえていた　T・S

17　啄木は　歌生みながら　死んでいく　悲しい日々を　すごすのですね　T・Y

18　啄木の　友人たちは　やさしくて　いつも啄木　ささえてくれた　S・M

19　東京へ！　文学の道　あこがれる　啄木あらわす　詩集『あこがれ』　O・N

20　一高を　やめて向かった　東京で　であう文学　もえるあこがれ　H・S

21
ひのと村　お寺で生まれ　いろいろな　あだ名で呼ばれ　おこったのかな
I・H

22
啄木は　うすむらさきが　すきだけど　ばらのかおりも　すきなんですね
H・A

23
啄木に　いつもいるのは　家族です　子どももつまも　いつもいっしょだ
E・H

24
啄木は　バラの香りが　大すきで　うすむらさきの　色も大すき
M・M

25
末っ子です　二人の姉さん　ありがとう　ずっといっしょに　いてほしいんだ
K・K

26
啄木は　短歌を作る　天才だ　死ぬまぎわまで　短歌を愛し
H・R

27
函館の　火事はすごいよ　とまらない　函館全部　灰になるんだ
T・K

28
キツツキを　あらわしている　啄木は　なぜあの音が　すきだったのかな
S・M

29
啄木は　花の香りが　すきだった　花の短歌も　作っていたよ
H・T

30
啄木は　多くの友に　見守られ　ここまで来たよ　石川一
E・A

31
常光寺　報徳寺の子　お寺の子　神童はじめは　きっと幸せ
T・A

32
啄木に　会ってみたいな　どんな人？　かみは何色？　ああわからない
U・Y

33
部屋の中　キツツキの音　聞きながら　短歌を作る　達成感かな
O・A

34
せまい家　ちょっと一間は　すごすぎる　愛があっても　きびいしいまずしさ
S・A

35
二月二十日　はじめで生まれ　四月十三日　二十六才　人生終わる
S・N

36
啄木の　すきな食べ物　そばだけど　ぼくの場合は　りんごなんだよ
S・S

37
まずしくて　次々変わる　仕事場へ　夢を求める　心変わらず
O・A

38
啄木は　お金はないが　がんばった　ぼくもがんばる　啄木みたいに
A・S

39
今生きて　いればきれいな　家に住み　ノミの苦労は　知るはずもなし
S・O

40
啄木が　亡くなったあと　生まれきて　生き続けてる　『悲しき玩具』
S・A

41
啄木は　今もあの世で　名作の　短歌をつくり　つづけてるかな
S・Y

42
啄木の　おとうさんはね　住職さん　りっぱなけさを　がぶりときてる
T・S

43
啄木は　北海道の　函館や　札幌小樽を　さまよい歩く
M・M

44
啄木を　育てたお寺の　木々たちの　幹にキツツキ　音ひびかせる
U・M

45
啄木は　うすむらさきが　好きだけど　おしいなわたしは　むらさきがすき
T・Y

46
啄木と　いう名前には　キツツキの　音を聴いてる　啄木がいる
N・M

47
啄木は　短歌をほんとに　すきなのか　わたしはすきだ　啄木短歌
I・R

48
啄木は　うすむらさきが　すきなんだ　ぼくはちがうよ　赤がすきだよ
T・K

49
啄木の　家にノミたち　いるんだね　今ならそんな　心配させない
A・H

50
啄木さん　そばとカボチャの　食べっぷり　見てみたいんだ　この目の前で
T・T

51
かぼちゃなんて　啄木なんで　好きなんだ　ぼくはケーキが　超好きなんです
M・T

52
金田一　京助さんは　啄木を　助けたことが　いっぱいあるさ
M・N

53
大火事で　啄木さんの　お仕事が　なくなっちゃって　どうする人生
T・S

54
啄木は　短歌を作る　スタートを　切って短歌が　ゴールの人生
Y・M

55
啄木は　成績優秀　先輩に　教えたりする　自信もいっぱい
K・S

56
すきな物　色・香り・音・　家に花　おどろいちゃうのは　好きな人・自分
I・H

57
啄木よ　売れないのかよ　短歌はさ　わかってほしい　すごさをみんなに
S・K

58
啄木は　三度名前を　変えながら　キツツキ鳥の　啄木になる
A・K

59
神童と　呼ばれるくらい　啄木は　すごく頭が　よかったんだね
T・N

60
はじめてだ　二十六年　生きたんだ　その人生を　ぼくは知ったよ
S・M

61
啄木は　仕事大すき　すごいよな　がんばりやさん　かっこいいんだ
H・I

62
五七五　七七はじめて　つくったよ　たくぼくさんも　はじめてしった
S・N

63 啄木の　ためにすべての　本を売り　にこにこしている　友のすごさよ　S・T

64 わが町の　ヒーロー野村　胡堂にも　短歌を教えた　石川一　T・H

65 ほっぺたに　できるえくぼは　男なら　かくしたくなる　時はないのか　S・K

66 啄木は　顔をつるっと　光らせて　鼻高々に　歌つくってる　I・S

67 幸せは　友達すべて　やさしくて　いくつもの手を　さしのべること　Y・T

68 啄木の妻　節子さん　美人かなあ　ぼくも会ったら　ときめくのかな　H・D

69 啄木の　顔はとっても　かわいいの　今ならジャニーズ　きっと入れる　T・A

70　啄木は　自分の一生　短いと　思っただろうか　今も生きてる　K・I

71　啄木さん　その日その日を　がんばって　くらしているのか　そうでないのか　N・K

72　啄木の　おでこくらいの　広さなら　ぼくもなかなか　いい線いってる　K・R

73　『明星』に　のってはじまる　文学の　道は今でも　つづきひらける　S・A

74　啄木の　ほんとの名前　知ってるよ　はじめという名の　おわりの末っ子　H・R

75　何百と　何千何万　あふれでる　言葉をつないで　短歌を作る　H・S

76　成績が　いいとはいったい　どれくらい　一〇〇点とって　いたのか神童　M・Y

77　ありがとう　私も短歌　つくれたよ　私のお手本　あなたの短歌　U・M

78　文学が　啄木にとって　人生で　命そのもの　だったんだなあ　K・K

79　啄木さん　心にきざまれ　愛される　歌も残って　友も残って　A・N

80　末っ子の　甘えん坊の　子どもでも　神の子なんて　呼ばれる不思議　H・T

81　啄木さん　お好きな花が　ゆりなのに　なぜなの香りは　バラがいいのね　T・M

82　『あこがれ』に　のせた詩の数　七十七　「今週の詩」なら　五年分だよ　S・H

83　ゆりの花　いつも見ていた　この花を　啄木さんも　好きだったんだ　M・R

84 啄木の　ほんとの名前は　一くん　いい名前だな　一番だもの　K・S

85 啄木の　短歌を声に　だしながら　私も作る　短歌を作る　T・Y

86 ああ万歳　京子誕生！　ほっぺには　えくぼもくっきり　うかぶ幸せ　H・R

87 カステラと　バラの香りが　すきだとは　甘い香りに　ひかれるんだね　M・Y

88 おばあちゃんも　知ってた短歌　啄木の「山に向ひて言ふことなし」　Y・S

89 啄木の　すきな食べ物　ソバ・カボチャ　今ならステーキ　おすすめするよ　A・Y

90 神童と　呼ばれるほどの　天才も「でんぴこ」なんて　呼ばれてたんだ　Y・K

91　わたしたち　啄木さんの　短歌よみ　啄木さんの　世界に気づく　S・M

92　啄木が　この世に残した　短歌たち　今も世界を　めぐりつづける　S・K

93　啄木が　もし生きてたら　たずねたい　サッカーの試合　してみたくない？　T・H

94　なぜだろう　有名な詩も　あるのにさ　短歌はぼくも　十首は言える　M・K

窓 二

平成二十五年度　２０１３　五年生

1　結局は　みんなが愛す　啄木の　ような男に　ぼくはなりたい　M・A

2　啄木は　必死に生きた　歌人です　汗も涙も　歌にあります　T・M

3　啄木は　苦しみ乗り越え　歌残し　今でもみんな　忘れてません　S・H

4　つらくても　悲しくっても　歌を生み　いろんな人に　愛された人　U・T

5　啄木の　小さいときの　ほっぺたの　白きつるつる　母もうらやむ　K・A

6　啄木は　病気にかかり　苦しんで　それでも進む　それが啄木　K・K

7
お金なく　ただに苦しい　だけでなく　負けずに生きた　啄木の道
K・K

8
啄木は　歌が大すき　おれきらい　かいてみたいな　いつかはおれも
K・Y

9
一生は　山あり谷あり　くりかえし　いろいろあるけど　それが人生
H・S

10
啄木さん　こんなにすきな　歌だもの　天国でだって　歌つくってる
T・H

11
啄木は　決断すると　すぐ動く　そんな啄木　見直したんだ
T・S

12
啄木の　歌は世界で　親しまれ　ずうっとずっと　愛されていく
S・H

13
啄木は　歌集や詩集　出版し、小説、評論、この世に残す
H・R

14　啄木は　短歌を残し　たびだった　そなえる花は　ゆりの花かな　I・T

15　啄木は　病気であるが　短歌や詩　がんばっている　姿がすごい　H・H

16　啄木は　毎日努力　していたよ　啄木みならい　がんばりたいな　A・N

17　啄木は　小学校の　成績が　一番なんだよ　すごいことだよ　H・H

18　苦しくて　どん底にいる　啄木さん　バラのかおりで　リフレッシュした?　I・A

19　人生の　つらさかなしさ　せつなさを　啄木はそれを　乗り切ったんだ　H・Y

20　たくぼくは　ほんとはやさしい　人なのだ　つらいことまで　のりこえてきた　O・N

21
啄木さん　病気なのにも　かかわらず　詩や短歌書き　命を燃やす
T・A

22
啄木の　家族を思う　やさしさが　私たちにも　あればいいなあ
S・Y

23
啄木が　いろんなことを　やってきた　人だというの　読んで分かった
T・M

24
啄木は　貧しいくらし　していたよ　でも友だちが　やさしくしてた
S・S

25
啄木は　たくさん短歌　作ったね　もっと長生き　できたらよかった
H・K

26
啄木は　百年前の　歌人です　五百をこえる　短歌をつくる
A・S

27
生まれつき　体が弱い　人なのに　努力の末に　一握の砂
S・K

28
苦しみの　詩人人生　悲しいな　今世に残る　詩人啄木
T・H

29
啄木は　いろんな人生　歩みきて　亡くなりしあとに　功績残し
S・K

30
大変で　過酷なことが　あったけど　えくぼがでている　清き笑顔よ
Y・A

三　それぞれの道

道一

平成二十五年度　２０１３　五年生

1　たし算も　ひき算かけ算　わり算も　さっさとできる　オレになりたい　S・Y

2　今日もだな　テレビラジオで　雪の害　雪となかよく　くらしたいのに　O・H

3　友達と　遊び遊ばれ　気がつけば　人っ子ひとり　いない夕やけ　H・Y

4　おこられた　今かあさんに　しかられた　でもなぜだろう　かあさんが好き　Y・K

5　けんかする　仲なおりする　くりかえし　だいじな仲間　あったかい友　K・Y

6　銀世界　白く広がる　だけでなく　寒さ楽しさ　伝える白さ　A・T

7
冬の空　きれいな星が　見えるけど　寒さがしみて　見ていられない
S・H

8
この瞬間　何も思わず　固まって　ただ何もせず　ここにいるぼく
U・A

9
冬休み　毎日毎日　読書をし　自分のめあて　達成できた
K・I

10
冬の夜　雪を踏みしめ　見上げると　夜空一面　冬の宝石
A・S

11
冬の屋根　雪が積もって　風に舞い　煙みたいで　燃えてるみたい
K・K

12
消費税　8％に　あがります　計算するのが　面倒になる
K・K

13
冬の屋根　つららのできる　危険さを　目で感じたる　冬景色かな
T・S

14
やっぱりね　冬と言えば　雪ですよ　雪の景色は　とってもきれいだ
M・Y

15
ひらひらと　まいふる雪は　手のひらで　のってはとけて　のってはとけて
H・M

16
大なわで　クラス全員　とびはねる　百回こえて　喜ぶ笑顔
S・Y

17
大人には　いつなるんだろ　その日には　やさしい大人で　ありたい私
A・M

18
帰り道　夕日の色に　包まれて　雪の結晶　光り輝く
Y・K

19
真っ白な　山々見れば　しみじみと　自然の中に　とけこめるかな
H・R

20
冬の空　見上げてみれば　白鳥が　光り求めて　北へ飛び立つ
K・H

21
大人はね　何で酒飲む？　分からない　大人になれば　分かるだろうか
T・M

22
白い息　一面白き　霜柱　東根山も　頂白し
T・H

23
雪遊び　雪玉づくり　つかれはて　ねころぶわれらは　スノーエンジェル
A・S

24
サッカーや　なわとびとんで　楽しいな　今日つかれても　明日も遊ぼう
H・H

25
三毛ねこの　楽しい本を　読んでみた　いろんな本を　もっと読みたい
K・S

26
みかん食べ　こたつに入って　あったまる　やっぱり冬は　みかんとこたつ
H・M

27
なわとびは　いろんなあそび　たのしいね　できるものとか　いろいろあるね
S・M

28　雪の中　光が空を　照らしつけ　天気は晴れに　変化していく　A・K

29　風が吹く　たびに飛びちる　雪たちも　さよならぐらい　言いたいかもね　T・H

30　あたたかい　一さじの汁　のど通る　そのたび　ほっと冬を感じる　I・Y

31　一歩ずつ　大人の階段　登ってく　りっぱな大人に　なれたらいいな　S・K

32　十二月　まだかまだかと　雪を待つ　めざめたときの　白さに感激　T・Y

33　冬景色　しんしんとふる　雪の中　ぼくはただただ　雪を見上げる　S・R

34　一人より　みんなで遊ぶ　おにごっこ　タッチはうれし　されてもうれし　A・Y

35
お母さん　いつも弁当ありがとう　とてもおいしく　残さず食べる
S・S

36
仕事でね　がんばっている　大人たち　家でつかれを　いやしているよ
T・Y

37
がんばるぞ　執行部での　活動を　だから当選　はたしてやるぞ
S・H

38
はく息が　白くキラキラ　光る朝　ほっぺは赤く　そまっていくよ
S・K

39
雪が降る　積もってはしゃいで　雪まみれ　ぼくたちみんな　雪だるまだね
S・R

40
のき下に　ならぶつららに　日が差して　気づかぬうちに　とけてなくなる
T・A

41
友だちと　汗してつくった　かまくらは　だれにも告げない　秘密の基地に
Y・A

42　雪合戦　みんなで雪玉　投げ合って　顔に当たるも　笑い合ってる　O・A

43　雪だるま　みんなわいわい　つくるけど　つくりおわれば　ひとりぼっちに　H・H

44　玄関を　開けるとそこに　冬景色　息の白さよ　長きつららよ　H・S

45　雪遊び　宝石みたいで　きらきらに　すぐとけるけど　心で光る　I・H

46　一面に　広がる景色　雪げしょう　岩手のきれいな　自慢作品　K・H

47　こびとたち　白雪姫を　助けよう　エイサーホイサー　元気いっぱい　K・M

48　朝起きて　窓の外見る　雪景色　てんてんつづく　ねこの足あと　S・K

49　あと少し　六年生に　なるんだね　トランペットを　がんばりたいね　H・K

50　雪山を　スノーボードで　突き進む　雪をちらして　曲線つくる　H・K

51　おばあちゃん　おいしいごはん　ありがとう　こんどはぼくが　作ってあげる　H・M

52　冬休み　父さん　ぼくと　弟と　楽しくみんなで　雪合戦だ　S・R

53　初雪で　父とつくった　雪だるま　にっこり笑った　笑顔が四つ　S・K

54　雪がふり　ねこは急いで　ものかげに　ぼくらはうれしく　雪合戦だ　Y・A

55　白い雪　冬の日差しと　風、風、風！　冷たくつらら　光ってできる　T・Y

56　露天風呂　とても寒いが　きもちいい　また行きたいな　家族みんなで　K・Y

57　カーテンの　すき間に見える　銀世界　山にも雪が　白く輝く　T・S

58　大人はね　いつも仕事で　いそがしく　仕事のつかれに　ビール一杯　T・S

59　雪遊び　外にとび出し　ソリ引いて　みんなで仲良く　雪合戦だ　I・Y

60　目をさまし　外は一面　銀世界　朝食食べて　さあ雪かきだ　K・T

61　校庭に　雪がいっぱい　つもってる　雪がとければ　春がちかづく　K・H

62　雪げしき　いつもとちがう　けしきだな　雪がキラキラ　まいおちる朝　T・K

63
大人はね　仕事もいっぱい　しているし　おうちのことも　考えている
S・Y

64
雪だるま　作ったあとの　赤い手を　白い息かけ　あたたかくする
S・M

65
冬になり　池が氷って　雪がふる　この当たり前が　冬景色生む
T・S

66
雪景色　南部片富士　白くなり　赤くそまるは　私達の手
T・K

67
勉強は　すぐねむくなる　魔法だよ　ねむいよねむい　あああねむいよ
K・K

68
母さんは　いつも宿題　やれやれと　言われなくても　やっていますよ
T・S

69
鬼ごっこ　日が沈むまで　遊んだよ　明日は何を　して遊ぼうか
S・I

70 校庭で　犬の散歩だ　「ひめっ！」「さくらっ！」　初めての雪　子犬のワルツ　T・N

71 学校は　今日も一日　楽しいな　明日も学校　楽しさいっぱい　H・A

72 思いっきり　みんなで遊ぶ　休み時間　あっという間に　時間がすぎる　N・E

73 大人はね　早く寝ろ寝ろ　言うけれど　自分ばっかり　夜ふかししてる　T・Y

74 いつの日か　ゆめをかなえて　ネイリスト　みんなのつめを　かわいくデコる　H・Y

75 冬の日に　雪合戦を　みんなでね　遊んでいると　いい気分だね　H・M

76 弟は　だんだんだんだん　大きくなり　大きくなるほど　生意気になる　H・H

77　冬にはね　雪合戦や　かまくらで　いろいろ楽しく　遊んじゃおうよ　S・A

78　イギリスに　行く夢　ずっとあきらめず　私の道を　歩みつづけて　K・S

79　明るくて　いつも笑顔で　いつづける　そんな大人に　なれたらいいな　U・T

道二

平成二十六年度　2014　一年生

1　ゆきだるま なんでもはなして いいんだよ とにかくきいて あげたいからさ　O・S

2　おもいでの　まちをみてみる　かなしくて　そらはあおくて　こころむらさき　O・T

3　いえるんだ たくぼくたんか　百一しゅ　たくぼくさんに　じまんしたいな　O・A

4　おいゴリラ おこっちゃだめだよ こわいから にんじゃみたいに みんなでとおる　S・A

5　いきてるよ　たくぼくさんも　いきてるよ　あおくてしろい　そらとくももね　T・K

6　かなしくて　ないてかなしい　かなしくて　まちがなくなり　なみだもなくなり　S・M

7
ねてないで　はやくおきてよ　ライオンさん　かっこいいかお　見てみたいから
H・A

8
ふゆやすみ　ゆきがっせんが　できるんです　スキーもできる　だからすきです
Y・D

9
ニホンリス　あばれる！はやい！　なきもせず　なんかへんです　目がまわります
T・K

10
ゆきだるま　はなににんじん　かわいいね　ぼたんがおめめ　いけめんだよね
T・S

11
トナカイは　サンタクロース　つれてきて　きょうはだれかが　しあわせになる
H・I

12
はじめさん　なにかきらいな　ものあるの　ピーマントマトは　だいじょうぶかな
T・N

13
木のえだに　とまったとんぼに　もんだいです　7＋6の　こたえしってる？
S・A

14
ライオンが　ねているなんて　かっこわるい　にくでも　がつりとたべてほしいよ
S・K

15
イヌワシは　木の上にいて　しらんかお　すましていても　かわいくないぞ
A・K

16
ゆきがふる　ゆきがふってる　ゆっくりと　ゆきゆきゆきが　つもっていくよ
I・S

17
おへやから　きつつきの音　きこえたの　いたらさらさも　きいてみたいな
S・S

18
さようなら　おわりのチャイム　なりました　つぎのやくそく　どうしようかな
T・A

19
こうえんで　かえるみつけて　おいかけて　かえるとぶのか　とばないつもりか
S・K

20
ぼくたちを　しかがみている　ねながらね　ぼくがやったら　しかられちゃうよ
T・H

21
ねんがじょう　わたしのこころ　とどくかな　しんぱいはんぶん　たのしみはんぶん
Y・A

22
はじめさん　なんでかぞくを　おいてくの　みんないっしょに　いけばいいのに
M・K

23
しろいゆき　ゆきのけっしょう　さむいふゆ　ふゆもこおるよ　ゆきがふるふる
O・S

24
クリスマス　サンタクロースのプレゼント　おねがいだから　かならずきてね
H・T

25
キリギリス　とのさまばったと　いっしょにね　すてきなおとを　ならしているよ
K・Y

26
がんばった　ぼくのこころが　つたわった　六ねんせいを　おくるかいだよ
S・D

27
ゆきだるま　いっつもとけて　みずになる　みずのあとには　なになってる?
I・A

28　るすばんの　しずかになれる　ゆうぐれに　おへやにのこる　おもちゃのボール　T・H

29　つかっては　けずってけずる　えんぴつは　みじかくなっても　よろこんでいる　I・R

30　きらりふる　ゆきのけっしょう　右の手に　そっとひろって　みたらきえてく　H・A

31　ゆきがっせん　したあとぼくので　ひんやひや　こたつがあったら　すっといれたい　O・R

32　おねつでて　天じょうみつめて　ねているの　たまっちゃうよね　しゅくだいプリント　T・T

33　かっこいい　にねんになるまで　もうすこし　どきどきしている　わたしのこころ　S・Y

34　わたしはね　きのこがにがて　だいきらい　まめまきしても　おにはにげない　S・N

35
かにかくに　せんなんホームは　こいしかり　おもいでのみち　おもいでのこえ
K・M

36
あめがふる　たんたらたらと　ふってくる　あしたははれか　きになってたよ
T・Y

37
ゆうこさん　おにになって　おいかけて　わたしもきゃあと　いってにげたの
O・H

38
学校で　たいいくあって　たのしくて　とくいなんだよ　かけあしとびが
H・W

39
ゆきあそび　そりであそんだ　すべったよ　ころんですべる　すべってころぶ
O・K

40
ランドセル　わたしのかばん　きれいだよ　いろんないろが　ならんでいるよ
K・N

41
ろくじはん　てれびはたいそう　いちにさん　それでもわたしは　ソファでねてる
S・N

42　プレゼント　こっそりもって　くるんでしょ　こっそりわたしも　サンタさん見る　W・H

43　おくる会　六年生に　プレゼント　金のメダルに　花びらつけて　K・M

44　ひみつきち　いっしょにあそぼ　ひみつだよ　かくれてあそぶ　ひみつがいっぱい　A・R

45　サッカーだ　みんなであそぼ　せめるんだ　やったシュートだ　こんどもシュート！　O・S

46　ゆきだるま　ころころころころ　ころがって　大きくなったり　こわれていったり　O・N

47　かがみにね　かおをうつして　にがわらい　みんなとぼくが　そのままうつる　K・Y

48　あいうえお　かきかきくけこ　さしすせそ　ひらがなどれも　五つでならぶ　T・Y

49
いったんだ　たったひとりで　大ごえで　せりふがひびく　たいいくかんに
M・S

50
やっときた　はらっぱきれいに　ひろがって　おなかグーグー　えんそくのひる
K・R

51
そうなんだ　空にすわると　おもってた　こころが空に　すわれるんだね
S・A

52
だっこした　うさぎのふわふわ　もう一かい　もう一かいだけ　だっこしたいな
S・M

53
ありがとう　ろくねんせいが　してくれた　ハグうれしいな　ぼくわすれない
K・R

54
おまつりが　だいすきなんだ　ゆかたきて　なつのまつりが　はやくきてきて
H・S

55
チャレンジだ　あやとびがんばる　三十かい　十かいまでは　クリアしたんだ
O・Y

56

あたらしい　せんせいがくる　たのしみだ　きたよきたきた　わらっているよ

S・H

57

ありがとう　もぐらたたきを　おばあちゃん　ぼくにくれたよ　もぐらもげんき

A・H

道三

平成二十八年度　２０１６　六年生

1　この世界　悪と善とが　待っている　そのどちらかに　人は分かれる　O・M

2　トロンボーンの　スライド引いて　ふと見ると　空に引かれる　飛行機雲よ　E・S

3　虹の橋　空のはしからはしまでを　ずっと見ている　自分がただいる　M・S

4　冬の空　ぶるっと寒い　氷点下　見上げた空に　満月ひとり　A・E

5　友だちと　毎日遊ぶ　楽しさを　うばってくれるな　インフルエンザ　O・K

6　やりすぎた　ゲームのかわりに　残るのは　宿題の山　見てるぼくだけ　S・M

7
生きものの　大きさ、形、関係なく　どれも大事な　命なんです
M・K

8
ほんとうに　人の気持ちも　わからずに　笑ってる君　涙でゆがむ
S・K

9
空を見る　ひらりふわりと　初雪か……　今年もやさしく　私につもる
M・R

10
聞こえくる　六年生の　歌声に　まぶたを閉じて　あの日を思う
Y・N

11
その瞬間　私の部屋に　飛び込んだ　花びらひとつ　手にとりて見る
K・N

12
休日も　大人は仕事　子どもらは　子どもの仕事　がんばるみんな
K・H

13
昼下がり　二人で青空　見ていたら　景色ひろがり　心ひろがり
S・W

14 「リーダー！」と　言われてさっと　指示だした　途端に「黙れ！」　どうすりゃいいの　M・S

15 東風　花びらのせて　どこへ行く　奥羽山脈　越えていくのか　N・R

16 ひまわりの　背くらべなんて　うそでしょう　空に向かって　ただ生きている　M・Y

17 息白く　ほほが冷たく　足すくむ　寒さの中にも　春はあるかな　M・K

18 雪合戦　帰りたくない　ほどみんな　笑顔いっぱい　放課後の校庭　M・S

19 くやしさは　いっきに私に　飛びかかる　運動会で　負けたあの時！　Y・H

20 オリオン座　冬の夜見る　三つ星を　見とれるぼくに　雪がおりくる　H・T

21
車から　月が見えてる　寒い夜に　素振りおわらせ　空を見上げる
K・S

22
人生は　山あり谷あり　答えなき　計算式にも　できない深さ
S・S

23
ふわふわと　たんぽぽ綿毛　とんでいく　風に行き先　知らされもせず
K・M

24
かなしみと　おわりが夢の　はじまりだ。いつか会えるよ、またこの場所で
H・K

25
満月は　二十日今夜も　満ちていて　下界の我らを　静かに見つめる
M・M

26
函館の　優勝カップ　かかげたい　強くなりたい　啄木カルタ
K・A

27
ちらちらら　ちらちらちらと　雪がふる　真冬の朝に　雪ふりつもる
O・N

28 幸せは　考えてできる　ものじゃない　例えば　お茶を飲んだ瞬間……　O・H

29 目覚まして　窓開け見れば　雪がなく　「もう春ですよ」　春の鳥なく　M・H

30 冬の朝　外につららが　二三本　鼻のつららも　したたり落ちる　H・J

31 雪がふる　窓の向こうに　岩手山　雪の帽子が　大きくなってく　H・S

32 夏の日に　三鉄のって　景色見る　海がキラリと　輝いている　M・S

33 寒空に　舞い散る雪と　たわむれる　マフラーまいて　どこに行こうか　T・T

34 分からない　ところに出会い　立ち止まり　泣きながらする　ひとり勉強　H・M

35
雪が降り　道路一面　白くなる　私はそこに　足あとつける
M・M

36
車から　イルミネーション　光つく　少しとまって　見ていかないか
T・T

37
サクサクと　サクサクふむと　霜柱　もうとまらない　もうおわらない
Y・H

38
恵方巻　家族で食べる　節分は　雪と笑顔に　囲まれた夜
S・R

39
雪降って　周りを見れば　白い町　雪合戦が　にぎやかになる
S・H

40
学校の　帰る途中に　ふと見ると　輝くつらら　心うたれる
S・H

41
快晴の　雲一つなき　この日こそ　山を登るに　ふさわしきかな
O・R

42　青き空　六年生の　始業式　帰りに桜　手にとりて見る　O・S

43　雪がとけ　春になったら　桜さき　ついになれるよ　六年生に　S・K

44　今年こそ　みんなの手本　がんばるぞ　進級までに　心の準備　S・K

45　春になり　ひらひらひらら　春風に　桜の道が　つづいていくよ　A・A

46　大みそか　年こしそばを　食べている　今度はどんな　年にしようか　H・K

47　桜ふる　ひらひらひらら　桜まう　足もとみれば　桜の世界　S・R

48　雪がまい　犬と遊んで　雪けむり　呼べば近づく　愛しい犬よ　B・M

49　冬休み　楽しく遊ぶ　雪遊び　暴れ放題　怒られる僕　Y・Y

50　さくら舞う　晴の夜の星　感じては　風の吹くなか　花びら歌う　I・S

51　雪うさぎ　こな雪の風　雪だより　冬の香りの　おとどけものも　T・S

52　六年へ　すすむ道には　山がある　だいじょうぶかなと　考えている　O・T

53　雪がふる　雪にかこまれ　雪うさぎ　粉雪おどる　元日の朝　H・K

54　外見れば　天からとどく　おくりもの　ふわりふわりと　まいおりていく　S・H

55　雪うさぎ　雪にあしあと　つけている　そのあしあとに　花が咲いたら　O・M

56　もうすぐで　あこがれていた　六年に　先輩の意志　自分がつなぐ　Y・S

平成三十年度　２０１８～三十一年度　２０１９　六年生

57 冬の月　夜空にうかぶ　紺色の　金の交わる　静寂のまち　T・K

58 桜咲く　花びら落ちて　桜色　春風吹いて　桜が舞って　M・R

59 うれしさは　プールが終わり　着がえると　服がほんのり　あたたかい時　A・H

60 たのしみは　窓から見える　青空や　雨の降ってる　空を見る時　K・A

61 おどろきは　ドアのかげから　妹が「ばっ」と出てきて「わっ」という時　M・K

62 喜びは　三振とって　投げきって　優勝カップ　手にしたあの時　O・R

63
悲しみは　夕焼け空が　灰色の　空に変わって　夜になる時
K・A

64
喜びは　シュートを止めた　その瞬間　試合が終わり　勝ったあの時
O・K

65
悲しみは　仲良き友の　転校が　決まったとたん　胸痛む時
A・S

66
喜びは　一つ短歌が　できるたび　じわっと自分を　ほめている時
K・K

67
楽しみは　吹奏楽の　コンサート　チケット求めて　わくわくする時
H・T

68
初めての　胸が高鳴る　パイラット　楽しむ私が　後悔している
S・E

69
楽しみは　みんなでパスを　つないでく　そして最後に　得点とる時
S・T

70 班長を　初めてやって　知ったこと　やったらできる　どんなことでも　S・Y

71 初めての　みんなで食べた　笹かまは　おいしさ詰まった　宝箱です　O・M

72 仙台で　開放感に　満たされて　眠いわたしと　浮かれるわたし　A・W

73 おこられた　しんぞうバクバク　なみだめで　心にちかった　あらたな自分に　O・T

74 たのしみは　いつしかおきる　まてないな　B時ていのとき　A時ていのとき　K・Y

75 最後の日　迎えにきた親　見つけたら「ただいま」「おかえり」笑顔になった　O・C

76 たのしみは　おもしろいねと　きみが言う　その言葉がね　おもしろい時　A・A

77
青の中　さまざまな色　およいでく　この手でふれたい　きれいな色たち
F・A

78
たのしみは　すいかの種を　とばすとき　口のまわりに　汁とびちる時
K・H

79
たのしみは　読書する日々　うれしくて　青いページが　時間止める時
T・M

80
たのしみは　ゲームをやってる　ときである　プロゲーめざして　やっている時
S・Y

81
たのしみは　長い休みに　よふかしを　してがんばって　ゲームする時
S・R

82
ねぶそくで　きたゆうえんち　楽しいはずが　乗り物のると　まるであくむだ
K・N

83
たのしみは　だれかにいたずら　したときの　びっくり顔の　おもしろい時
T・R

84 ゲーム機の　取り合いをして　ケンカする　だけどあやまり　楽しく遊ぶ　K・M

85 たのしみは　新しい年が　始まる日　令和元年　うけいれる時　T・R

86 バスのなか　つかれてねると　翌日に　体がまるで　石みたいだな　S・T

87 びっくりだ　南北線に　乗るなんて　予想をこえる　修学旅行　S・F

88 友達と　緑の野原に　寝転んで　飛行機雲を　ながめる私　S・C

89 夜の星　剣道つかれて　上見ると　きらきら光る　星を見ている　Y・M

90 仙台の　水族館の　水そうの　かわいい宝石　つい立ち止まる　T・S

91
楽しみは　試合でシュート　決めたとき　必死に走って　すっきりしたとき
T・A

92
見たかった　ジェットコースターの　てっぺんで　仙台の街　何も見てない
K・A

93
楽しみは　ペダル回して　風を受け　坂を上って　景色を見る時
S・T

94
セミの声　緑のおくで　なきながら　もっと生きたい　短かな命
S・K

95
イルカショー　かわいいイルカに　大興奮　今すぐプールで　泳ぎたくなる
K・M

96
早池峰山　春夏秋冬　それぞれの　いろんな顔は　いつもあきない
S・K

97
教室で　ボールを遊び　していたら　先生の声　みんなあわてる
Y・A

98　楽しみは　あつい時に　かき氷　みんな必死に　食べている時　O・M

99　楽しみは　太陽の下　汗だくで　プール飛びこみ　イルカになる時　T・K

100　楽しみは　年に一度の韓国へ　荷物をつめる　前日の時　S・E

101　魚好き　お魚捌き　楽しいな　骨の感覚　すごくいい音　S・H

102　バスケでは　たくさんルール　あるけれど　チームワークが　良くなれるんだ　S・K

103　イルカの絵　うまく描こうと　大苦戦　結局うまく　描けない私　F・M

104　犬の声　隣人の家　聞こえては　げんかんチャイム　だれかきたかな　T・S

105
部屋の中　こわい話で　盛りあがる　やがて静かに　寝息聞こえる
S・Y

106
しかられて　どんより暗い　ぼくの胸　だけど友達　みんなやさしい
K・H

107
こわかった　ホテルのお部屋　暗いから　四人みんなで　いっしょのベッド
K・M

108
ねれないよ　ちょっとしずかに　エリザベス　しずかにすれば　すむはなしだよ
S・K

109
たのしみは　休み時間や　土日にね　家族に友達　バスケする時
S・R

110
たのしみは　夏休みがね　わくわくだ　でも宿題は　やりたくない時
I・K

111
たのしみは　ともだちとともに　あそんだり　いっしょにかえって　話をする時
O・S

112
たのしみは　帰り道にさ　ともだちと　いっしょに帰り　話をする時　H・S

113
したかった　夜ふかしをして　遊びたい　でもすぐねると　言って遊べず　F・Y

114
ホテルでの　静まる夜の　ふしぜんさ　暗さの中の　明るさがあり　T・Y

115
おみやげを　必死に選んで　いたのだが　家族のぶんを　選びわすれた　K・R

116
帰るとき　まだ遊びたい　悲しみで　ゆっくり登る　一段一段　F・S

117
話したい　みんなともっと　話したい　けれどねている　白い君たち　I・F

118
たのしみは　二時間おわった　あとにある　みんなで仲良く　お話しするとき　S・N

119
自主研修　いっぱい歩いて　くたくただ　つかれた後の　ベニーランドで　H・A

120
温泉で　じゃんけんばかり　やっていて　なかなかふろに　入れねえなあ　S・H

121
ホテル内　気づけば消灯　すぎていて　それでもねない　楽しいからね　T・H

122
友がいる　いるといないで　大ちがい　一人でいると　さみしいまんま　H・M

123
楽しみは　だがし屋さんで　おかしをね　買ったらすぐに　あたりが出た時　T・R

124
うれしさは　新刊本を　開く時　インクの香り　ふわりくる時　F・A

125
夏の空　やわらかに雲　浮かんでる「あれは魚だ。」「あっあれは熊。」　S・S

Ⅲ　「小さな歌人たち」と会う

令和二年五月吉日。

平成十九年に花巻市立花巻小学校一年一組だった七名と会い、短歌を作った当時のことをうかがう幸運に恵まれた。お力を貸してくださった大内さん（菜々子さんのお母さん）、そして、大内菜々子さんに感謝するとともに、当日は来られなかった志田美陽さんが中心となって、当時の一年一組の子どもたちに連絡してくださったことに深く感謝したい。

あの時の一年生と会って、短歌の話ができるなど、そんな幸運があろうとは……。十数年ぶりの再会を前に、興奮し緊張した。前夜は寝付かれなかった。

翌日、ＪＲ花巻空港駅、午後一時半。三十センチの竹の物差しが四つ分ぐらいの身長だったかつての子どもたちが、冗談にも、そんなことが言えないくらい大きくなって、私の目の前に、一人、二人と現れた。誰もが青年だった。本当にまぶしく、麗しかった。全員が集まるまでの十数分間。いつもなら、「怪しげな冗談で笑いを……」などと思って、間を取り持つことばかりを考えてしまうのだが、目の前にいる皆が、本当にきれいで、おべっかでも何でもなく、本当にそう思って、この静謐な空間を神々しくさえ思ったのだった。と同時に、かわいらしい一年生だった一人一人が、それぞれの道でそれぞれに歩んできたことをひしと感じたのだった。だからこそ余計に、一人一人を困らせないように、当時のことを聴くことができるだろうか、不安と幸せが入り交じってもいた。花巻空港駅から歩いて数分の拙宅へ皆と向かった。五月の陽差しが驚くほど元気だった。七人の影も短い。時折吹く風が、心を静め、あたかも座談会へ誘うようだった。

座談会はおよそ一時間半。その様子を載せる。二回の「おやつタイム」と称した休憩時間や短歌創作周辺の思い出話などの会話はト書きのように書き表したり、簡単にまとめている。また、必要に応じて、註を入れて説明も書き加えた。

一　座談会「小さな歌人たち」が話す

T　皆さん、今日は本当にありがとうございます。早速ですけれど、名前をお願いします。
C　中村勇希です。
C　大久保裕太です。
C　千葉海斗です。
C　上野真衣です。
C　大内菜々子です。
C　湯川真悠です。
C　鬼柳沙奈です。
T　七人の皆さん　本当にありがとうございます。お久しぶりです。
C全　お久しぶりです。（口々に）
T　今日は、先ず、最初はですね、この人達の登場です。

※当時（とは言え、今も担任する学年学級で使っているのだが）学級で学習の折々に使っていた自作のペープサー

※「花まる太郎くん」「おさびし次郎くん」を出す。

皆　わあ。（と歓声）懐かしい。（など、それぞれに。）

※「花まる太郎くん」「おさびし次郎くん」という名前も覚えていた。

T　今日は、「花まる太郎くん」と「おさびし次郎くん」からのクイズがあります。場所を隣の部屋に移しましょうか。

第一問。花まる太郎君からのクイズです。ジャン。今からここに皆さんがつくった短歌を並べます。自分がつくった短歌は、どれでしょう。（湧く。「分かるかな」など口々に。）読みながら並べていきます。最後にどれかききますから、途中で自分のが分かっても、黙っていてくださいね。ちなみに、他の人の作品も入っています。では、一つ目は（全部で八首　提示しながら、柳原が音読し、並べる。）

※一年時につくった作品のジョバンニ、カンパネルラはひらがな。座談会では、うっかりカタカナにして提示してしまった。

ジョバンニと　カンパネルラが　のるれっしゃ　ぎんがのなかを　ちずもみないで
けんじさん　ぼくとかけっこ　しませんか　かぜにのったら　ぼくははやいよ
じょばんにと　かんぱねるらは　おしゃべりを　しずかにずっと　しつづけたんだ
おしえてね　きらいなにんじん　どうやって　たべたらいいの　けんじせんせい

ジョバンニは　カンパネルラと　たびにでた　おやつももたずに　さみしくないの

※「ジョバンニが続くなあ」「きっとジョバンニ入れてつくってるなあ」など、再三のジョバンニの登場に湧く。

続けて、柳原が音読しながら作品を提示する。

やまねこけん　いっぱいのどあ　こんにちは　ひらいていくたび　さよならばかり

いつもみる　そらをみあげて　さがしてる　ぎんがてつどう　えきはどこかな

やまねこの　いうことばかり　きいている　ふたりはいつか　たべられるかな

分かった？　わあ、三人覚えてた。

T　菜々子さんの作品はどれですか、とってください。どうぞ。（菜々子さんが自分の作品をとる。）正解です。（おおっ。歓声）

続いて、どうぞ。（勇希さんがとる。）正解です。（歓声）どうぞ。（真悠さんが自分の作品をとる。）正解。（歓声）

さあ、皆さんはいかがでしょう。

※「マジでわかんないなあ」のつぶやきも。

では、正解を言いましょうか。これかなと思うのある？　海斗さんは？

C　全然わかんないです。（笑）

T　海斗さんのは、これです。

C　ジョバンニじゃなかったんだ。（みんなで湧く。）
T　沙奈さんのは、じゃじゃん、これです。
T　この三つのうちに真衣さんのがあります。さあどれでしょう。どれだと思う？
C　ええ⁉　本当に分からないです。
T　真衣さんのは、これです。
C　ええ！　だったら、おれ、ジョバンニって言葉をいれてるな。（一同湧く。）
T　さあ、どちらでしょう。
C　分かんないな。
T　どちらかが裕太さんでどちらかが祥理さんの作品です。どうでしょうか。
※じっくり考えている。
正解は、こちらの作品が裕太さんの作品、こちらの作品「おやつをもたずに　さびしくないの」が祥理さんの作品でした。

今皆さんが持っている作品が、初めてつくった作品。あっ、全国宮沢賢治学生短歌大会に出した作品なんだよね。その作品、進呈します（笑）。また、最初のところ（隣の部屋）に戻りましょうか。
T　久しぶりに自分の作品を読んでみてどんな感じですか。一年生ですからね。皆さんがこの作品作ったのが。

※しみじみと自分の作品を読む様子。

だが、自分の作品を読んだ感想をその場で、自由に語り合うような進め方をできず、七人の皆さんから感想を引き出すことができなかった。しかし、後のアンケートでは、次のような回答を得ている。原文のまま載せる。

C 「空気じゅう」の短歌については、私は好奇心が強い性格なので最も身近な存在である空気に目を向け、「どこが手なのか足なのか」と考えたことを今振り返ると、自分らしい作品だと思いました。

C 「にんじん」の作品は（にんじんが嫌いだった記憶はないけれど）個人的に気に入りました。賢治さんが畑で野菜を育てたり、農業に関連のある人物だということを知っていて、この作品を作ったのか？ だとしたら、やるな小一の自分、と思いました。（笑）

C 足が速かったので、いかにも作りそうな短歌だと思いました。

C 自分の作品を当てるとき「これが自分っぽい（自分らしい）作品だなあって思ったのが実際に自分の作品だった。

C 我ながら素晴らしい歌だと思った。

C 素直な感じでいいなと思いました。よく覚えていたものと全く覚えていないのとあり、驚きました。

T つくった頃のことって覚えていたりする？

C　何となく。記憶にはあるかな。

C　冬休みや春休みに宿題として作った記憶があるけど。一年生だったか……。

T　どんなことでもいいんですよ。勇希さんどうですか。

C　何か、自分が作ったのを先生に訂正されたのは覚えている。（一同大笑いに湧く。）

T　そうそうそう、そういうの。覚えていたら何でも。最初はどういうので、どうなおされたかなんて知っている？

※勇希さんの作品は「けんじさん　ぼくとかけっこ　しませんか　かぜにのったら　ぼくははやいよ」

C　ん……。「かけっこ」は書いたと思うんですよ、それで、「走りたい」みたいなことを書いて、そしたら、先生が、「しませんか」とかにしたほうがいいって（一同笑い湧く。）言われたような気がします。

C　ぼくは、さっき中村の短歌見たとき、中村のだって覚えてました。この短歌見たことあります。

C　ぼくもです。中村のだって分かりました。

T　なるほど、そうなんだね。自分の作品覚えていなくても友だちの作品を覚えているってことがあるんだね。いいと思ったのかな。

C　そうかも。（皆笑い）

T　沙奈さんはどうかな。

C　ん……。あまり覚えてはいないんですけれど、何か俳句とか短歌は嫌だった記憶があります。

T　どんなところが嫌だったか、覚えていることとありますか。

C　何か、自分で考えられなくて分からなかった。

T　なるほど。真悠さんは、何か……。

C　全く記憶にはないんですけれど、にんじんが嫌いだった記憶がそんなにないのになぜ書いたのかなって今すごく思っています。

T　菜々子さんは何か。

C　「さよならばかり」のところを先生がアドバイスくれたから、それを覚えてます。

T　真衣さんは。

C　最後を「～だよね」「だよ」のところを違う言葉になおしたような気がする。

T　ここで、「おさびし次郎くん」が登場です。二年生の作品もあるんです。さあ、誰の作品でしょう。

※全部で八首。柳原が音読しながら、提示し、並べる。

ふくろうは　しあわせはこぶ　鳥なのに　もらうしあわせ　気づかないだけ

ししおどり　ささらをつけて　ダアスコダ　かみをなびかせ　はく手をせおう

空気じゅう　どこが目なのか　口なのか　手も足もなく　わたしをさそう

花巻の　農業高校　への道を　賢治先生　思って歩く

ぶとう会　歌っておどる　だい三夜　みんなでおどろ　みんなで歌お

こんばんは　まんまるまるるん　お月さま　今夜はわたしが　歌ってあげる
お月さま　よるもまんまる　光ってる　ねむくならない　ひみつの力
こっち見て　よそ見しないでお月さま　「雨ニモマケズ」　歌うんだから
二年生の時の作品です。自分の作品分かります？

C　ああ。

※それぞれに分かる反応と分からない反応が交じっている。

T　おっ、どれかな。

C　「空気じゅう」で始まる……。

T　正解です。

C　あの千明先生に会うってきいて、文集を見返したときに、自分の作品を見て、あっ、それで、今日、持ってきたんです。

※上野真衣さんが二年生の時に作った文集を持ってきてくれていた。文集の登場に、盛り上がる。

※その文集には二年生の時につくった短歌も載せられていた。しばし文集で話が弾む。

T　さて、（自分の作品さがし）どうでしょうか。

C　これです。「ひみつの力」っていう。

T　おお、正解。なぜ、これだって思いました。

C　「ひみつの力」っていう言葉に記憶があった。
T　覚えているんですね。すごいねえ。さて、海斗さん、いかがですか。
C　ぜんぜん分からないです。
T　これです。
C　ええっ。
T　大人っぽいね。
C　（このあとの海斗さんのコメントに一同盛り上がる。が、そのコメントは録音からは聞き取れない。）
T　裕太さんはどうですか。
C　分からないな。
T　これです。「ぶとう会　歌っておどる　第三夜　みんなでおどろ　みんなで歌お」かわいいなあ。
C　あ、まんまるまるるん……。
C　まんまるまるるん　覚えてる。
T　菜々子さん、どうですか。
C　こっちの（二年生の時の）作品は、覚えていないですねえ。
T　何か予想してた？

※沙奈さんが自分の作品「ししおどり　ささらをつけて　ダアスコダ　かみをなびかせ　はく手をせおう」に気づ

く。

C　これは、私のかな？
T　正解です。なぜ、その作品だと思いました？
C　何か、聞き覚えがありました。
T　ああ、こっちの作品「こんばんは　まんまるまるるん　お月さま　今夜はわたしが　歌ってあげる」これが、真悠さんの作品で「こっち見て　よそ見しないでお月さま「雨ニモマケズ」歌うんだから」これが菜々子さんの作品ですね。聞き覚えありますか。
C　はい。（口々に）
T　作り覚えはある？
C　作り覚えはないです。（一同笑い）
T　そうなんだね。やはり、みんな、作り覚えはないって感じかな？　でも、友だちのは覚えてたりするんだね。
C　響さんの短歌（ふくろうは　しあわせはこぶ　鳥なのに　もらうしあわせ　気づかないだけ）覚えてるんだよね。
C　深いなあ。
C　二年生なのにねえ。

※作ったことは、はっきりと思い出せなものの、作品を読んだり聞いたりすると、作品を思い出す感覚があることが分かる。

《ここで休憩・おやつタイムを経て、座談会第二部へ》

※裕太さんが「『だだだあすこだ』とかやったよねえ」の話。これをきっかけに、思い出話に花が咲いた。

「全国雨ニモマケズ朗読大会」に一年生みんなで出場して優勝したこと、賢治祭の時に賢治詩碑で全国大会で優勝したときの「雨ニモマケズ」の群読を披露したこと、運動会の表現演目で鹿踊りの装具を作って身に付けて、みんなで踊ったこと、岩手県立花巻農業高校の農場に行き、花巻農業高校のみなさんと過ごしたこと、その帰りに羅須地人協会に立ち寄ったこと……。

また、大学に入学したけれど、入学式はないこと、オンラインでの授業が始まることなどの話にもなった。

T　（真衣さんが持ってきた二年生の時の文集にも載せられていた今週の詩を見て）「今週の詩」って、何か覚えている？

C　んんん……。

T　たとえば「よわねをはくな　くよくよするな……」（これは坂村真民「七字のうた」）など、一週間に一つの詩を音読してたの。

C　ああ。（坂村真民の詩に反応した人も）

T　その時にね、詩だけではなく短歌もいっしょに音読していたの。「今週の短歌」っていって。啄木の短歌や賢治の短歌も音読していたんだよね。もしかして、覚えていたりして。

※阪田寛夫「アフリカ見えた」を音読すると、ああ、覚えてると言って口ずさむ様子も。

T　一年生の時に最初に短歌を作ったとき、こんなのを使ったんだけれど、覚えているかな。ピンクカードとブルーカード。

最初は、短歌を毎週一つずつ、音読したの。二学期になってからだけれどね。そして、みんなが五七五七七に慣れたかなと思ったあたりに、初めて短歌をつくることをしたの。その初めての時に、ピンクカード・ブルーカードをだして、このピンクには七つの音の言葉を集めピンクには五つの音の言葉を思いつくままにどんどん書いて黒板に貼っていくというのをしたの。その中から、選んで、五七五七七にして、短歌をつくったの。そして、それをこんな紙に書いたの。

※五七五七七に分けられた短歌用のシートを提示。

C　ああ。覚えてる。分かる。（など短歌シートを見ると口々に。）

T　ええっ、分かるの。

※覚えているという反応に驚いた。予想外であった。

この紙に、何枚も何枚も皆さんが書いたの。この紙の覚えはあるんだね。今、話した言葉集めや言葉選びをして、短歌をつくったことも紹介されることになるんだけどね。短歌のつくり始めの頃は、五七の言葉から選んで作り、持ってきては、「五七五七七になっているね花まる」と言ってほめ、みんなは「やったあ。」といっては自分の席に戻り、またつくり、つくって持ってきては、「あっ、五七五七七になってる花まる」と言ってほめ、みんなは「やったあ。」といっては、またつくり……を続けていったの。そうしていくうちに、「先生、自分で好きなのつくりたい」という人が出始めて、待ってましたとばかりに「いいよう。」って言って、みんなは自分で考えてつくるようになったの。だんだん慣れてきたのを見計らって、じゃあこれでつくってみようとかって、賢治さんの『銀河鉄道の夜』『注文の多い料理店』の紙芝居とかを読んで、短歌をつくっていったの。つくった記憶はないけれど、この用紙の記憶があるんだね。

T　※短歌カウンセリングについての説明。

C　（七人の皆さんは、じっと、説明を聞く。）

T　※歌会についての説明。

C　覚えている。

T　そう？　覚えてる？

C　確か、名前伏せてて……

C　テレビのプレバトみたいにいいところをいったり、季語についても言ったり。

T　俳句の季語はそうですね、短歌は季語はないからね。短歌は何でもいいんですよね。五七五七七だったら。

T　真衣さんはさっき何か。

C　一年生の時は、「～だよね」「よ」「ね」で終わった歌が多かったと思うんですけど、二年生になったら、それで終わらないようにしようって言って作ったのを覚えています。そして、みんなが作った作品を色紙みたいなのに書いて、絵も描いて、教室の後ろの壁みたいな所にはったのを覚えています。

※ああ　そう言えばといったような反応。

T　そうだったね。結構色紙に書いて絵を描いたりして、教室にはったりしたね。海斗さん、何か……。確か海斗さんの「地図も見ないで」の作品は賞をいただいていたよね。

C　はい。母が言っていました。

T　表彰式にも行ったよね。

C　確か、菜々子ちゃんも行ったよね。

C　行った。

C　岩手大、行った。

T　確か、海斗さんも行った？

C　はい。母が言ってました。（笑）

T 小学校卒業後、短歌や俳句をつくる機会はあったの。

C 高校の時にありました。賞をいただくこともできたんですけど、長期休暇の宿題として出されていました。

C 中学校の時に、授業で作って、その時は、むちゃくちゃ嫌でした。

T たとえば、どういう所が嫌だった？

C 自分の作ったのが読まれるのが、恥ずかしいじゃないですか。中学生の頃って、恥ずかしかったから。

T でも、作ったんですね。

C 多分。

T そして、きっと読まれたんだね。

C 多分。ああ、でもどうだったかな。

T どうですか。

C （国語の）問題としての題材になっていたことはあるけれど、作ったことはないです。

C 高校の修学旅行の思い出を短歌やら俳句やらにしようというのがありました。

T 作ったんだね。作品覚えてる？

C いえ。ろくな作品じゃなかったと思う……。

T　そんなことないと思うよ。どうでした？
C　修学旅行の思い出を三つくらいあげて、それをもとに作るっていう授業がありました。
T　作ってるんだね。自分の作品覚えてる？
C　覚えてないです。
T　たとえば、今、短歌つくろうとなったら、つくれるのかな。
C　あり得ないな。
C　勘弁して欲しいなって、今は……。（皆笑い）
T　なるほど、そうか。他に何か覚えていることあるかな。
C　名前をかくして、互いの作品のいいところを見つける評価をし合うような授業、さっきの説明で歌会って分かったんですけれど、あの時のことを覚えていて……。私、この作品は「菜々の作品だ」って分かったんです。それで、「あっ、菜々のだ」って大きい声で言ったら、先生に怒られたの覚えてます。（一同大笑い）
T　「言わないで」って言われたのね。絶対名前を言わないっていう約束で始める学習だったから、なるほど……。
T　さっきの裕太さんの短歌もそうだけど、真悠さんのまんまるまるるんの短歌もだけど、題材は二年生の時の賢治集会で五年生といっしょに発表した「かしわばやしの夜」が題材だったよね。あのとき

C は、（ペア学年の）五年生が歌を作って、みんなでたくさん歌ったよね。みんなも上手だったけど、菜々子さんのお兄さんの慶太さんがものすごく上手だったのを覚えている。覚えてる？

C 覚えてないです。

T 高音の突き抜けるような声がぴんとでて素晴らしかった。ひとりで歌う場面もあった。二年生と五年生で取り組むから五年生が中心にはなるけれど……。一年生の時は何をしたんだっけ。

C （口々に）「銀河鉄道の夜」。

T 何の役だった？

C 覚えています。鷺です。（一同盛り上がる）

T ああ、鷺の踊りだ。

C 私、星です。

C あっ、おれも星だったかもしれない。

T 真衣さんは？

C 私も鷺です。

T 六年生の時は何をやったんですか。

C 「イチョウの実」。

C イチョウの実を持ってやった……（思い出話に湧く。）

C　五年生のときは「鹿踊りのはじまり」。

T　そして、六年生の時が「イチョウの実」。六年生の時は一年生とペアになって発表するんだったよね。

※五、六年生当時の思い出話に花が咲く。

T　文集持ってきてくれて、ありがとう。

C　おれ、あります。

C　おれも家にあります。

※文集から、再び思い出話に。

C　野球やってました。

T　同じ学校で？

C　違う学校でした。

T　大学でもやるの。

C　迷ってます。

C　中村のナイスキャッチ見たよ。

C　テレビでもやってて。

T　見逃したなあ。ピッチャーをしてたの？

C　野手です。

T　そうなのねえ。（文集見ながら）ほんと懐かしい。「心に太陽を持て」だ。鹿踊りも懐かしいなあ。運動会の時やった……。

C　覚えてます。

T　懐かしいねえ。みんなもそれぞれに久しぶりなのに、集まっていただき、ほんとにありがとう。

《二回目のおやつタイム》

※思い出話再び。沙奈さんがお姉さん風だったことや入学して間もない頃、真衣さんに叱られて、私が学んだことなども……。

T　でも、「花まる太郎くん」と「おさびし次郎くん」を覚えていてくれて、ありがとう。そう言えば、純華さんも「花まる太郎くん」と「おさびし次郎くん」は覚えているけれど、短歌をつくった時のことは……。でも、一年生の皆さんがしたように、一年生が短歌をつくったということは、はっきり分かり、一年生でも短歌がつくれるのだという結論が分かったということが本当に幸せです。本当にありがとう。最後に一言ずつ今日の感想を言っていただいて、座談会を閉じます。

C　あまり短歌を作ったときのことは覚えていなかったけれど、久しぶりにみんなに会えてよかったです。

C　みんなに会えたのと当時のことを振り返って、楽しかったなあと改めて思いました。

C　千明先生の顔があまり変わってなかったので、昔に戻ったような感じがしました。

C　自分が思ったよりも覚えていたことが多かったので、みんなとこうやって話すことができて良かったと思いました。

T　ありがとう。今週の詩で暗誦していた詩も覚えていたものね。雨ニモマケズの全国大会の「だあすこだ」も覚えていたもんね。

C　多分、ぼくが一番久々だったと思うんですけれど、みんな覚えてた？（笑）覚えてないことが多かったので、役に立てたかなと思うんですけど、話をしている内に、何となく思い出せたりもしたので、楽しかったです。

T　覚えていないことなんて何も気にすることはないの。きっとね、忘れているくらいさらっと作ったり、読んだり

してたんだと思うんだよね。

C きっと私が一番お世話になったと思うんですけれど、先生とみんなともまたお会いできて本当によかったです。

C みんなと短歌を通して、思い出を共有できた感じがしてうれしかったです。

T 皆さん、ほんとうにありがとうございました。

二　「小さな歌人たち」のアンケートから

1　初めて短歌を作った時、どんな感覚があったのか知りたいのです。たとえば「難しい」「嫌だった」とか「特に何も感じないで作った」「何となくあっさり作ったような気がする……」とか当時を思い浮かべて教えてください。

A　先日のインタビューで、一年生の時は短歌を作るのに、みんなで五文字の言葉、七文字の言葉をあげていったことを思い出しました。当時の私は、その五文字と七文字を考えるのを楽しんでいたと思います。「難しい」とか「嫌だ」と思ったことはほとんどなく、くらしの中から言葉を見つけて並べていくのがおもしろかったです。

B　「嫌だ」とは一度も思ったことがないような気がします。むしろ、漢字ドリルをやるよりは短歌の授業のほうがいいやと思っていました。

C　賢治さんの世界に自分もいるような気持ちで書いた気がします。短歌に対して難しいとか嫌だという気はなく、できたときはなんかうれしかったです。

D　あまり覚えていませんが……。短歌を作るのは好きじゃなかった気がします。

E　覚えていないが、逆に覚えていないということは、あまり嫌だとか楽しいだとか思っていなかったかもしれない。

F　上手さとかは特に気にせず、楽しく作っていたような気がします。

2　一年生の時に作った自分の作品を久しぶりに読んで、どんな感想を持ちましたか。

A　「空気じゅう」の短歌については、私は好奇心が強い性格なので、最も身近な存在である空気に目を向け、「どこが手なのか足なのか」と考えたことを今振り返ると、自分らしい作品だと思いました。

B　にんじんの作品は（にんじんが嫌いだった記憶はないけれど）個人的に気に入りました。賢治さんが畑で野菜を育てたり、農業に関連のある人物だということを知っていてこの作品を作ったのか……？だとしたら、「やるな、小一の自分」と思いました。（笑）

C　足が速かったので、いかにも作りそうな短歌だと思った。

D　自分の作品を見つけるときに、「これが自分っぽい（自分らしい）作品だな」って思った。それが、実際に自分の作品だった。

E　我ながら素晴らしい歌だと思った。

F　素直な感じでいいなと思いました。よく覚えていたのもあれば、全く覚えていないものもあり、それにも驚きました。

3　皆さんへのインタビューの最初のあたりに、自分の作品がどれかを当てるクイズみたいなことをしましたね。自分の作品より友だちの作品を覚えていた人もいました。自分の作品や友だちの作品を覚えていたのはなぜだと思いますか。

A　みんなが、見覚えがあると言っていた作品には、例えば、勇希君の「かけっこ」や真悠ちゃんの「まんまるまるるん」のように、印象的なフレーズが入っていたように思いました。「今週の詩」についてのお話にもありましたが、一・二年生の頃は文章的な表現よりポイントとなるフレーズに目がいき、そのフレーズを今でも覚えていたのだと思いました。

B　私は金谷響ちゃんの短歌は覚えていました。おそらく当時席が近かったのと、すごく難しくて大人っぽい言葉選び（「もらう幸せ気づかないだけ」みたいな所）だなあと感じたからだと思います。

C 一年生の時に作った短歌は、自分しか書かないだろうなと思ったし、自分が書いた短歌を先生に訂正されたことや賞もいただいたこともあって鮮明に覚えています。

D 聞き覚えがあった。

E なんとなくどれも覚えがあったが、中村の足が速いということは特に印象深いことだったためか、覚えていた。

F 賞を取れた作品だったから。当時は、それまでに何かで賞を取るということがなかったので、嬉しかった気持ちが強く残り、今も覚えていたのかなと思いました。

4 インタビューの中で、「今、短歌を作るとしたら」のような話題になったとき、「今はちょっと……（さっと作れるかな）」といった空気だったと察しました。今ならやや抵抗感があるけれど、一年生の皆さんが短歌を作ることができたのは、なぜだと思いますか。

A 今は一年の頃よりたくさん言葉を知っているので、「どう表現したらいいのか」とあれこれ考えてしまい、時間がかかるので抵抗感を抱いてしまうのだと思います。しかし、一年生の頃は、思ったことをあれこれ考えるのではなく直感的に言葉にして伝えていたので、ぱっと作ることができたのだと思います。

B　技巧や周りの評価などを気にせずに自分の思ったことをありのままに表現することができたからだと思います。

C　一年生は何をするにも初めてのことばかりなので、楽しかったのだろうと思います。先生の煽り方が上手かったのかも。（笑）

D　いろいろなことにとらわれずに、自分の書きたいように作れたから。

E　良い意味で子どもだったから。今は照れが勝ってしまう。

F　自分の作ったものを他の人にも見てほしいという気持ちが今よりも強かったからだと思います。

5　インタビューの中で、短歌を作るときに「なおされた」話がありましたよね。そして、それが「短歌カウンセリング」として行ったものであることを簡単に説明しました。自分が作った作品を相談したり話し合いながらも、結果的には最初と異なる表現になったことについて、その当時は、どのように思ったと思いますか。また、今なら、作品を「なおす」こと、言い換えれば、推敲（すいこう）をすすめられたとしたら、どのように思いますか。

A

【当時】先生から別の表現を提案された時は、改善するためのアドバイスというよりは、だめ出しのように捉えていたと思います。頑固で負けず嫌いな私は、なんで直されなきゃいけないのかと疑問だったと思います。

【今】私はあまり国語が得意ではないので、誰かにアドバイスを頂いたりして、こうした方がいいと自分でも納得できる内容であれば、別の表現を取り入れると思います。しかし、頑固で意思を曲げない性格は変わっていないので、少しでも自分の意図と違う表現だと感じたら絶対に取り入れないと思います。

当時と今では、推敲をアドバイスと捉えているか、だめ出しと捉えているかに差があると思います。

B

【当時】単純に（別の言葉で直した）「先生、すごい」と思っていました。

【今】今も、当時と同じように感じるのではないかと思います。

C

【当時】なんで直すんだろう。せっかく書いたのに。そのままで良いじゃん。

【今】賞もいただいたし、直して正解だったのかな。そのままだったらどうなっていたか気になります。

D　【当時】覚えていない。
【今】嬉しい。自分の作品にしっかり向き合って、考えてくれたのだと思うから。

E　【当時】恐らく何も考えていなかった。
【今】自分の気に入った表現を変えられたら嫌かもしれない。

F　【当時】前の作品よりよい表現になって良かったと思いました。でも、直してもらったけれど、自分のじゃないと思ってしまったことは印象に残っています。
【今】自分の力で作ったという達成感が薄れてしまうのかなと思う。

Ⅳ　短歌は　だれにでも　つくることができる　再び

繰り返しになるが、「七人の歌人たち」と十数年ぶりに会い、短歌創作時のことなどについて、聞くことができたのは、何にも代え難い幸せであった。その幸せの一つは、子どもたちとともに学ぶ者としての振り返りと短歌創作実践の見つめ直しができたことにある。この節では「七人の歌人たち」の発言とアンケートの回答をもとに、実践を振り返り、明らかになったことをまとめたい。

行き着く先は　やはり「慣れる」なのだ

「七人の歌人たち」は、短歌をつくったことは覚えていた。しかし、その方法、例えば、「言葉みつけ」「言葉選び」については、ほとんど記憶にはなかった。何ら不思議なことではない。印象に残るほどの方法ではなかったのだ。

だが、一年生の時に短歌をつくったことは記憶にあり、事実である。乱暴な物言いにはなるが、結局のところ、子どもたちが短歌をつくることができたのは、短歌の仕組みを知り、それに慣れたからではないのか。方法ではなく、慣れなのだ。短歌は、慣れれば一年生にもつくることができるという、「習うより慣れろ」に、やはり行き着くのだ。

では、短歌の何に慣れるのか。

それは、五音七音の言葉、そして、五七五七七の積み重ねに慣れることだ。

私は今まで、実践発表の場や研究誌などで、望月氏の論を踏まえて実践し、その誌面や場において「慣れることが大事」と記してきた。しかし、何に慣れるかという問いを自分にしてこなかった。というより、その問いに気づかなかったのだ。一年生と短歌を初めてつくって、十数年を経て、やっと「短歌に慣れること」が「短歌の五つの積み重ねに慣れること」であることを確かめられたのである。

慣れる時間を短縮させる「時短の小技」であるだけなのだ

では、今まで述べてきた「五音七音の言葉みつけ」「五音七音の言葉選び」、つまりは、「七人の歌人たち」には、ほとんど記憶に残らなかったこの方法は、何のためにあったのか。

それは、短歌を初めて作る子どもたちと行う短歌に慣れるための一手段だったと言える。すなわち、五音七音・五七五七七の組み合わせに慣れるためのものだったということだ。

この方法は、「子どもが五音と七音の言葉に困らないようにするためにはどうだといいか」と考えた手立てだったことは、はっきり覚えている。しかし、先述の「五七五七七に慣れさせる」といった意識は無かった。もっと言えば、「子どもが困らないように」の「困る」が、「五音七音に慣れないこと」だということを突き詰めて考えたのではなく、「子どもが困らないように」「子どもが困るのはきっと五音と七音の言葉だろう」といった感覚的なものだったと言える。

しかしながら、幸運にも、この方法による学習活動を通して、五音七音の言葉に慣れ、五七五七七の積み重ねに慣れていったことが、今だから、やっと見えてくるのだ。

特に、五七五七七の言葉を選んで、一首ずつ何度もつくると、つくった分だけ、五七五七七の積み重ねを実感することになる。気に入った言葉がなければ、自分で考えて作り、そのうちに、「最初から自分でつくっていいですか」と子どもたちが変わっていく姿を、様々な学校の様々な学年で見てきた。最初から、五七五七七の積み重ねでうんうんうなりながらつくるより、慣れるのに、時間がかからないと思われるのだ。つまり、「時短の小技」であろう……と思うのだ。

何歳からでもいい

この項では、アンケートの回答などをもとに30－33頁に記した、短歌創作にとって「一年生であることは「壁」にはならない」ことについて三点にしぼって考察したい。

一つ目は、「小さい頃からでもいい」ということ。アンケートで次のような質問をした。

インタビューの中で「今、短歌を作るとしたら」のような話題になったとき、「今はちょっと……（さっと作れるかな）」といった空気だったと察しました。今ならやや抵抗感があるけれど、一年生の皆さんが短歌を作ることができたのは、なぜだと思いますか。

という問いに「一年生だからできた」といった回答が多く書かれていたことが印象的だった。

例えば、「今は一年の頃よりたくさん言葉を知っているので、「どう表現したらいいのか」、あれこれ考えてしまい、時間がかかるので抵抗感を抱いてしまうのだと思います。しかし、一年生の頃は思ったことをあれこれ考えるのではなく直感的に言葉にして伝えていたので、ぱっと作ることができたのだと思います」（下線部柳原。以下の文も同じ。）「技巧や周りの評価などを気にせずに自分の思ったことをありのままに表現することができたからだと思います。」「初めてのことばかりなので、楽しかったのだろうと思います。」「良い意味で子どもだったから。今は照れが勝ってしまう。」などである。また、短歌などをつくるのが好きではなかった一人も、一年生が短歌をつくることができた理由に「いろいろなことにとらわれずに、自分の書きたいように作れた」ことを挙げている。

乱暴に言ってしまえば、あれこれ迷ったり、こだわったりしない頃には、作ったり読んだりする学習は、抵抗がなくできる。抵抗なく、作れば作るほど、慣れていき、作品として磨かれていくと言えるだろう。例えば、それは、世界的なアスリートや楽器演奏者が「三才から始めました」「気づいたら六才頃にはボールを握っていました」などということと似ているのかもしれない。

そして、二つ目は、短歌などをつくるにあたっては、「小さい頃」例えば「一年生のような発達段階の子ども」といった状況は、「作品の作り始めの頃」と置き換えられるということ。

つくるのは何才からでもいいが、何才であろうと、つくり始めの頃は、一年生の子どもたちがそうだったように、こだわりはないのではないかと思うのだ。つまり、つくることになったら、あまりこだわりを持たないで、あれこれ理屈を考えずに、どんどん五七五七七にすることがいいのだ。五七五七七になっていたら、あるいは、五七五七七にできたら、「おっ、できたぞ」と思って、いくつも作り、ルンルンと喜べたら、さらにいいのだ。結局、ここでも、「慣れる」ことが創作の重要点であることに収束していく。「習うより慣れろ」とは、本当に凄すぎる名言である。

最後の三点目は、うんうんうなって作るのをどれだけ楽しめるかということ。

上野真衣さんのアンケートの回答には一年生でも作ることができた理由に「今は一年の頃よりたくさん言葉を知っているので、「どう表現したらいいのか」とあれこれ考えてしまい、時間がかかるので抵抗感を抱いてしまうのだと思います。しかし、一年生の頃は、思ったことをあれこれ考えるのではなく直感的に言葉にして伝えていたので、ぱっと作ることができたのだと思います。」とあった。真衣さんの二年生の時の作品が

「空気じゅう　どこが目なのか　口なのか　手も足もなく　わたしをさそう」

である。そして、アンケートに添えられていた手紙で教えてくれていた高校生の時に作り、コンクールで入賞した作品が

「祭りの日　御輿を担ぐ　君の目に　映る鮮やかな　提灯の色」

である。真衣さんの回答から考えれば、二年生の時より恐らく「抵抗感」はあったのだろうが、絞りに絞ってつくった短歌のように思えてくるのは私だけだろうか。仮に、抵抗感があったとしても、作ることができたらよいのではないか。そして、抵抗感を感じつつも何度も作っていたら、抵抗感を受け止め、凌いで、作品を作っていくことをおもしろいと思える日が来るのではないかと思うのである。ぱっと作れなくても、一首に時間をかけてもつくる喜びを感じる日が来ると考えれば、何才から始めてもかまわない、まず、作り始めれば良いのだ。

身内の話で恐縮だが、私の父の怪しげな時事川柳を例にすることをお許し願いたい。

父は八十六才。母が亡くなって三年。一人で過ごす時間を持て余していたが、いつしか岩手日報の時事川柳をおもしろがったり、納得したりしながら、楽しんで読むようになっていた。そこで、「人のを読んでいるだけじゃなく、自分でも作ってみたら。認知症予防にもなるんじゃないの。ついでに、どうせ作るなら、岩手日報の時事川柳に投稿したらいいんじゃない。この川柳、いいねえとなりゃ、新聞に載せてくれるかも。」などと怪しげな娘に怪しげにけしかけられ、その気になった父。「川柳って何だ。」「五七五。」「時事川柳だから、世の中のことだな。」「そういうこと。」「世の中のことを五七五にするのか。」「そういうこと。」「それ以外あるのか。」「多分、ない。」「どういうのが新聞に載るのか。」「載ったのがいいのなんだよ。」などといった怪しげな質疑応答を経て、父は作り始めた。私は驚いた。その気になるとは思わなかったからだ。何せ、父は「おれは文学的な才能は無い。」と言い切ってきた人だし、現役の頃は、疫学的な分野での論文は書いてきたのだが、今じゃ、かくのはいびきぐらいなものだったのだ。その父が、時事川柳……。岩手日報の時事川柳は一人一回三句まで投稿できる。父は、日によっては一句の時もあれば、三句の時もあったが、毎日のように投稿するようになった。投稿したら、すぐ新聞に掲載されると思ったらしく、「今日もだめか、なぜだ。」などと言いつつも、ノートや紙に書き付けては、仕事を終えて、ぐったり帰った私に「これはどうだ?」と見せ、さらに私の疲れを倍増させた。書きたいことが五七五にならなかったり、五七五になっても「そのまんまじゃないの。おもしろくも何ともないなあ。」と言い放たれたりした。でも、元来のしつこい性分と膨大な自由時間が、時事川柳を毎日作らせていたようだ。何句目の句だろうか、見せられた時に、「ほう。」と思ったのである。しかし、またしても、定型になっていない。整えてあげた。作り始めて、一か月ほどのことだ。その句が初掲載となった。初掲載後、父は自分で作り、自分で直し、自分で投稿するようになった。(それまでは投稿の手伝いも、優しくない娘がしていた。)

ある日の朝(六十九回目の投稿後)、「やったあ。」の声。二度目の掲載。そして、こう言ったのである。「ノートを見てみると(自分の句やもとにした時事ネタなどストックしているノートがあるのだ。恐るべき執念だ。)、最初の頃はほんとにめちゃくちゃ。何やってんだと思うんだけど、これは、すっと分かるよな。」

つまり、作っていくうちに、自分の作品の善し悪しが分かってきたということだ。それを実感するまでに、六十九回の投稿、約三か月を要したのだ。

ここで、本題に戻ろう。二つある。

一つは、始めるのは何才からでもいいということだ。五つ六つの子どもでも八十過ぎの翁でも始められるのだ。(父の場合は川柳だが、五七五七七の七七が増えたとしても卒倒するようなことはないだろうと思うのだ。)世界的なアスリートや演奏家をめざすと言われれば、逡巡するが、始めようと思えば始められるのが、短歌などの短詩型文学の良さなのだ。

二つ目は教室で短歌や俳句を作るときの教室での手立ては、やはり、慣れるための「時短の手立て」として必要であり、便利なのである。教室で、どこぞの翁のように時間をかけるわけにはいかない。慣れてさえくれたら、あとは、いつでもどこでも帯時間でも家庭学習でもできるのが良さなのである。

短歌カウンセリングに気をつけろ。子どもは自分がつくったのが一番いいのだ。

自分がよしと思って位置づけてきた「短歌カウンセリング」は発想としてはあり得るが、具体的な方法としては見直すべし。子どもは、自分で考えて作った作品が一番いいと思っているという思いを忘れるべからずということが「七人の歌人たち」とそのアンケートから気づかされたのである。今頃分かったのか……という思いである。

私は「短歌カウンセリング」と名付けて（子どもに「短歌カウンセリングをします」などとは決して言わないが）、子どもと子どもが作った作品と私で、話し合う時間を創作活動に位置づけていた。カウンセリングや聞く（聴く）という行為に興味があり、国語に限らず、学校生活の様々な場面で生かしたいと考えていたからだ。詳細は、すでに48－51頁に載せたが、子どもが「分からない」「できない」と言ってきたら、いっしょに考えたり、子どもが持ってきた作品を読んで「例えばこういう言葉もあるけど、どうかな」「どんなことを考えたの」などと子どもから聞いたりしながら補ったり、五七五七七になっていたら、もろ手を挙げて喜んだりして、作品をいっしょに仕上げた……と思っていた。しかし、子どもたちは「なおされた」と思っていたのだ。「何がカウンセリングだ」と思わざるを得なかった。恥ずかしくて情けなくて座談会が終わった後、私は部屋中をぐるぐる歩き回ってしまった。そして、歩きながら思った。

問題は、五七五七七になっていた、つまり、短歌をつくることができた子どもたちへの対応だ。

五七五七七の組み合わせになっていたら、すでに短歌なのだから、それでいいのである。直すことなどないのだ。だが、往々にして思ってしまうのである。「この言葉は、こうしたらもっといいかもしれない」「こちらの言葉のほうが、この子に合っているなあ」などと、できていればできていたで、もっとよくしたくなるのである。「もっとよく」の基準は、いったいぜんたい何かもはっきりしないのに、思ってしまうのである。それなのに、教師の思いを子どもに伝え、子どもは教師の思いを受け止め、直した。これでは、どちらがカウンセリングを受けているのか全く分からないではないか。「短歌は五七五七七の組み合わせであればそれでよい。だから、易しい」ということが、本当に分かっていない現れだったのだ。

ただし、子どもが作品を作ったら、ともに喜ぶことはいい。「気に入っているところはどこ。」と聞いて、喜ぶのもいい。困っているときに、いっしょに考えるのもいい。五七五七七の組み合わせになっていなかったり、誤字や脱字に気づかせたりするのもいい。けれども、子どもができたと思って持ってきた作品は、それが最高作品なのだ。もっと最高にする必要はないことを改めて知った。十数年も経ってから……。

歌会の力

歌会が、聞く・話す・読む（音読する）・作る（書く）の全ての学習活動を網羅することができる学習活動であることはすでに記したとおりである。しかし、「七人の歌人たち」の話やアンケートから、さらに歌会の良さに気づいたのである。それは、自分の作品を見つめ直すことである。

集まった七人の歌人たちの何人かが、歌会が、互いの作品の良いところを見つけて評価し合う授業だったことや進め方のルールに関するエピソードを覚えていたことに驚いた。また、自分の作品より、他の作品を覚えていることも予想外のことであった。歌会そのものが印象に残るものだったのかもしれない。自分の作品以上に他の作品を覚えていたことが、全て歌会の恩恵とは言い切れないが、他の作品を読んで知ることの影響は大きいと感じたのだ。歌会は、他の作品を読んで知る活動ができるのだ。しかも、短歌だから、一時間の授業で、複数作品を読み合い、良いところを見つけ合えるのである。

私は、54頁からの章で、「歌会を経て、子どもたちは、またつくりたくなる」ことについて記した。それは、歌会で作品の良いところを見つけ合うことによって、子ども自身が「～さんのような表現にしてみたい」「私だったら、～したい」のように考えることができる、つまり、他の作品を知り、学ぶからなのだ。そして、歌会の経験が、自分がめざす短歌を見つけさせ、自分がつくった短歌を自分で読んで、より良い作品にしていこうとする意識も育てるのではないかと考えた。歌会にはその力があると思った。

今さらながらではあるが、もう少し、歌会の回数を意図的に増やして、短歌創作に取り組んでみるべきだったと思った次第である。いや、待て、今からでも遅くはないかもしれない。今、幸運にも縁あっていっしょに学んでいる子どもたちと、もし、機会を作れるのであれば、実践してみたいと思う。

短歌シートのこと

「言葉集め」や「言葉選び」などが記憶には留められなかった一方で、予想外に子どもたちが覚えていたものがあった。

それは短歌シートである。（48頁に写真）

短歌シートと書けば聞こえはいいが、手書きの、しかも忙しさにかこつけて、ささっと書いて印刷したものである。B5判もしくはA4判の用紙を横にして、五七五七七の五行に分けて罫線を引いた単純な様式なので、いつでも同じように作れるシートだ。座談会当日もささっと書いたものを見せた。それを覚えていたのが新鮮な驚きだった。視覚的な事柄だから記憶に残るのか。書き記すという行為が記憶に残すのか。何回も同じ様式に書いたから覚えているのか。それこそ五七五七七の組み合わせに慣れ親しんだゆえなのか……。いずれも推察にすぎないのだが、五七五七七に分けて短歌を書き記させたことは事実なのだ。さらに、これも推察になるが、五七五七七の五行に書くことが、五音と七音の言葉にする手伝いを少なからずしているのではないかと思っている。五七五七七の区切りを結果的に強要し、五つの区切りに慣れさせていくのかもしれない。

ちなみに、歌集「小さな歌人達たち」に載っている全ての作品が、五七五七七に余白を入れて表記しているのは、五七五七七に分けて子どもたちが作品を作ったからである。

ここでいつも私が落ち入ってしまうようなぐずぐずとした迷路に入ってはならない。あくまで、短歌シートも「言葉みつけ」も「言葉選び」も「時短の小技」である。必要なことは、慣れることなのである。

融合型　いろいろな方法で

何度も繰り返すのだが、短歌は易しい。また、自由自在であることも、すでに述べてきた。実践例もいくつか紹介してきた。しかし、初めて短歌創作の学習を子どもたちと行って以降は、目の前の子どもたちに合わせて、方法を微調整し、言うなれば、融合型で取り組むことがほとんどであった。

このことから考えると、「この方法はいい」ということはあっても「この方法でなくてはいけない」ということはないのだ。「黄金詩型」である短歌の「易しさ」を存分に生かして、いろいろな方法で、短歌に親しませることがいいのだと思う。子どもに合った短歌を声に出して読む、題材を決めてつくる（五七五七七にする）、何度もつくる、互いの短歌を鑑賞する、など、毎日のちょっとの時間でいいから、できることを選んで短歌に親しませるのだ。決してゴージャスな単元構成にしなくても、「短歌の易しさ」を手軽な試みに代えて、親しませていく、それが、子どもたちの言葉の力を豊かにしていくと考えるのである。

短歌が先か、俳句が先か、いや、そうではなく……。

一年生も短歌をつくることができるのに、学習材として短歌をつくる学習が教科書に登場するのは高学年になってからである。それは、なぜなのだろう。韻律の数が、そうさせているのだろうか。俳句は短歌より短い。だから覚えるのも作るのも短歌より易しいということなのだろうか。短歌には季語はない。ただ五七五七七だけでいい。季語の縛りがないということに限定して考えるならば、その点においては、短歌は俳句より易しいのではないか。いや、そういうことではない。

そもそも、短歌と俳句に、どちらが易しい難しいなどといったことはないだろう。従って、どちらが何年生向きということもないだろう。短歌と俳句の、似ているけれど異なる特徴を知り、読み味わったり、作って親しんだりすれば良いのだから。だとすれば、一年間の中に、短歌と俳句を学ぶ学習をどちらも位置づけるのがいいのではないか。どの学年にも物語文も説明文があるのだから、短歌や俳句だって、どの学年にも位置づけられるはず（しかも短歌は自由自在なのだ）と考えるのだが、どうなのだろうか。

Ⅴ　今　子どもたちと

私は、今（令和二年度四月から）、十数年ぶりに三年生、本当にかわいらしく、麗しい三十一名の（花巻市立桜台小学校）の担任をしている。

初めて三年生の国語の教科書に載っている短歌を見た。「短歌を楽しもう」とある。和歌が紹介されていた。この瞬間、「短歌創作スイッチ」が入った。この和歌を声に出して読んで楽しむ以上に楽しませたい。子どもたちは一学期に俳句は学習していた。そして、二学期になって、人生「初短歌」に出会ったのである。短歌を音読して下地をつくっていたわけでもない。啄木・賢治の短歌も教えていない。子どもたちは、どんな短歌をつくるのだろう……。妄想が妄想を呼んだ。心躍った。

またしても、前置きが長くなりそうである。ここでの結論をまとめよう。

一、子どもは、だれでも五七五七七にすぐにできる。案ずるべからず。短歌は易しいのだ。

一、初めて一首をつくった後に、すぐに（次の日がよい。）歌会をするとよい。歌会後、やはり、子どもたちは、また作りたくなるのだ。

一、短歌創作と歌会をセットにしてすすめるとよい。

三十一人の三年生の子どもたちは、私が今まで経験したなかで、最短の時間で短歌をつくり、歌会を楽しみ、そして、またつくった。これらのことは、国際啄木学会盛岡支部十一月第二六八回月例研究会で「子どもたちが初めて短歌を作った時〈令和二年度版〉」と題して話題提供させていただいたのだが、最短の中身が、どんなものであったかなど詳しくは、他日を期し、子どもたちの作品を載せてこの項を閉じたい。

うそをつき　宿題中と　ごまかして　その次の日に　なるとばれてる　H・K
きのうはね　ぼくの弟　たんじょう日　おいしいケーキ　笑顔がいっぱい　T・H
つよいかぜ　ホットコーヒー　あたたまる　こんなときには　はしってみたいな　K・W
雨がふる　てるてるぼうず　つるしては　ねがいをこめる　はれるとうれし　H・I
ひがんばな　きれいな花が　風にゆれ　夜長をすごし　また朝がくる　T・M
よやくした　サッカーキッズを　まっている　わくわくしている　フェスティバルの日　O・D
おとうさん　おこるとこわい　だけどすき　だってやさしい　めっちゃ大すき　Y・T
空の上　雲はどこまで　つづくのか　空のさいごは　どこにあるのか　E・K
とびばこの　練習がある　次の日は　がんばりたいな　体育の時間　K・H
花まるは　みんなにこにこ　わらう花　みんなでわらう　みんな楽しい　S・I
ストーブは　あたたかいから　ほっとする　ため息も出る　一人の時間　K・W
海に行き　チャポンチャポンと　ういている　およげないのに　なぜか来たんだ　K・Y
先生に　いつもおこられ　かなしくて　ぼくの心を　はやくかえたい　O・T
注射する　いたいしいやだ　こわすぎる　いもうとが先　いもうとの次　K・R
うるさいな　となりの家は　工事中　はやくおわって　おねがいします　Y・K

おわりに

思い立ったあの夏の日から、やっと、ここまで辿り着いた。

望月善次先生にお伝えした原稿仕上がりまでの予定。よくもあのような計画を他人様にお伝えできたものだとあきれてしまうほど、甘い。今思えば、あの時、私は、元気だったのだ。川村純華さんの記事が、私をそうさせてくれていたのだ。そして、元気な時ほど希望に胸膨らませて計画を立ててしまう。そんな時に立てた計画が、恐ろしく自信過剰なのだ。悪い癖だ。

「十二月二十八日には全体の構成をお渡しし、冬季休業中に狂ったように書き、一月十一日には仕上げて、見ていただきます」。

狂ったように書けると思っていた。いや、狂ったように書きたいと思っていたのだろう。狂うことなどできるはずもない。狂ったのは予定だけだった。それなのに、先生は、自信過剰な怪しい計画にも、涼しく、結局、「いつものようにぐずぐず進まない」実態を前にしても、はらはらする様子もみせずに（いや、本当は、そうではないだろう。あれやこれやで心配ばかりかけているのだから。）、ご示唆くださるのだった。（そして、時には青天の霹靂のような手立てを使って、原稿を進ませるのであった。）

仕上がり予定日、令和二年一月十一日をはるかにはるかにはるかに越え、令和三年一月二十五日、やっと、「書き終わりました。」と言えたのだった。

子どもたちの作品を歌集にしたいと思ったのは、確かに私だ。

だが、その時、「思ったときこそ、実現させるべきだ」と先生が言ってくださり、私の「思いつき」を実現に至らしめてくださったのは、望月善次先生のお力に他ならない。ただただ感謝の気持ちでいっぱいである。

しかも、今回は、今まで何回も先生をはらはらさせながらも報告してきた「書き終わりました。」とは違うのだ。初めて「〆切り日のない原稿」を書き終えた経験をさせてもらえたのである。私は幸せ者である。

平成七年から九年。私は岩手大学大学院教育学研究科国語教育専修に、岩手県教育委員会派遣教員として入学し、一期生として学んだ。修士論文は「啄木短歌の研究―『三行書き』を中心に―」。とは言え、私は、短歌はもちろんのこと、啄木についても超弩級の空っぽ院生。私の短歌の始まりは岩手大学大学院であり、師は望月善次先生である。

日本国語教育学会岩手支部会で、国語科教育などについてご指導いただいていた望月先生から、学べる嬉しさだけで、「先生が啄木研究をなさっているなら、私もそれにしようっと」程度の意欲で、修士論文のテーマを決めたぐらいなのだ。しようがない院生だったが、大学院での学びは、新しさに満ちていた。全国大学国語教育学会、国際啄木学会の一員となり、学び始めることもできた。二年間の院生としての学習は、日記も続かないほどの根性無しの私に、細く、点線のようにだが、短歌創作とのつながりを続ける心を培ってくれたのだと思っている。

〈髙橋圭子さんのこと　表紙〉

表紙は髙橋圭子さんにお願いした。

髙橋さんは、花巻市内の県立高校で美術科の講師をなさりながらも、ご自身の作品を描き続けている方であり、花巻に美術教室を開き、長年にわたって、子どもたちを始め、地域の方々に、表現する喜びを伝えてこられた方でもある。

66頁以降で紹介した六年生の短歌創作単元を実践していた時、偶然にも、髙橋さんの息子さんを担任したことが、ご縁の始まりだった。（第Ⅱ部の歌集「小さな歌人たち」「賢治の扉」には、お子さんの短歌作品も載っている。）

担任してしばらくして、髙橋さんの美術教室の作品発表会や髙橋さんの作品を知った。初めて、髙橋さんの美術教室の作品発表会に伺った時の感動を忘れられない。ＪＲ花巻駅前にある「なはんプラザ」の二階ホール。教室の皆さんの作品のどれもが、それぞれの歌を歌っているようだった。そして、圭子さんの作品が、すごくすごく心に染みたのである。それ以降、時折、個展を訪ねたり、圭子さんの作品を家に飾ったりしながら、髙橋圭子作品に心惹かれてきたのだった。

表紙をお願いするにあたって、最初に、お願いしたい旨を年賀状に、書き添えた。令和元年十二月二十八日のことである。こんな走り書きでお願いをするなど、失礼極まりないとは思った。だが、「原稿が九割がた仕上がったら、お電話させていただこう」これを目標に自分をがんばらせようと思ったのである。愚かにも私は信じて疑わなかった。冬季休業中に原稿が必ず仕上がると。私は、狂ったように原稿を書くことができると、まだ思っていたのだ。私の頭には一月十一日あたりに、得意気に髙橋さんに電話している自分の姿しかなかったのだ。全く札付きのお気楽者である。にもかかわらず、令和二年一月二十五日に、原稿も仕上がっていないのに、九割どころか、半分にも満たないのに、「年賀状の走り書きのままでは、失礼すぎる。思い切って連絡するのだ」と自分をけしかけて、髙橋さんに連絡したのである。

電話口から、髙橋さんの声。温かい。思わず「お元気でしたか」と私。その瞬間、自分を責めた。圭子さんは昨年娘さんを亡くされていた。娘さんも才能溢れる若き芸術家であった。「お元気でしたか」なんて、本当に私は……。

しかしながら、圭子さんは、「年賀状にあった本の表紙のこと、嬉しくて、家族にも話して、喜んでいました」と話を続けてくださった。原稿が、全く仕上がっていないのに表紙のお願いをする恥ずかしさを話し、吹き出して、互いに大笑いしつつも、表紙のイメージについて話し合った。「夜が明け、夕暮れを迎える。始まり、終わる。暁闇から夕闇。だが、それらが一つである」ようなイメージ。何とも訳の分からないことをお伝えしたのだった。何はともあれ、とにかく、私は、髙橋さんの作品が好きだった。その髙橋さんに表紙を描いていただけることは、この上ない幸せだった。

表紙についての話がひとしきり終わると、髙橋さんが、ふと「すみはさんって、もしかして、私の家の近所じゃなかったかしら」と。そう言えば、小学校一・二年生の頃の住所が同じ町内だったかもしれない。髙橋さんは「髪が長くて、かわいい子ですよね。子供会の行事の時もいっしょだったあのすみはちゃんですよねえ。確か、高校二年生ぐらいの時に、全国の簿記の大会か何かでも優勝したりして、頑張っているなあと思っていたんですよ。」ああ、いろいろなところでつながって、この本はできていくのだと再び、心が湧いた夜であった。

〈川村純華さんのこと〉

短歌甲子園の記事を読み、その日のうちに、純華さんに葉書を書いた。数日して、葉書は戻ってきた。何年も前の年賀状をたよりに書いた住所だったから、引っ越したにちがいないとあきらめようと思ったが、あきらめるにあきらめきれず、いつものように「ぐずぐず」とああでもないこうでもないと考えた末、純華さんが在籍する高校に連絡し、事情を伝え、ご理解いただき、ついに純華さんとそして、純華さんのお母さんと話すことができたのである。

純華さんのお母さんのお声は、以前のようにはつらつとして、颯爽としていらっしゃるのが伝わってきた。本当にお変わりない。お母さんが純華さんにかわる。

「ああっ、千明先生。」
途端に、小さい純華さんと新聞の純華さんの顔が重なり、懐かしくて嬉しくてありがたくて涙が溢れそうになった。純華さんともしばし話し、この本のことなども伝えた。この上ない幸せ者である、このなまけもののぐずぐずの私は。お二人の爽やかさに心を新たにさせていただいた夜であった。
純華さんを始め、たくさんの子どもたちの出会いが、作品となり、それらの作品のすべて、出会いのすべてが、この「ぐずぐずの私」に力をくださっていたのだと、深く実感した夜でもあった。

〈子どもたちとの出会い〉

たくさんの子どもたちとの出会いがあった。子どもたちとの出会いがあって、今日まで歩むことができた。すべての出会いに心から感謝したい。「ありがとう」の言葉を何回、伝えたとしても伝えきれない。また、それ以上に、「ごめんなさい」という気持ちにもさいなまれる。目の前の子どもたちの一文、一作品、そして、一言、一行為を生かしきれずにもたもたしていた自分がいたからである。この「ありがとう」と「ごめんなさい」を今の私にとっての新たな学びとして、この後も自分を叱りながら、励ましながら進んでいこうと思う。

〈同僚との出会い〉

この本をまとめるにあたっては、千葉真名教諭、松澤春香教諭、お二人の力をお借りし、校正もお願いした。千葉真名教諭は花巻市立桜台小学校で二年間にわたって、ともに、五・六年生を担当し、励まし合ってきた信頼できる同僚である。松澤春香教諭は、初任三年目の昨年度（令和元年度）に、ともに六年生の担当をし、桜台小学校の若手のリーダー、柔らかくもまっすぐな心が根づいているまぶしいほどの意欲と実践力の持ち主である。松澤教諭には、全体の構成についても幾度となく意見をいただき、短歌作品の索引などもお引き受けいただいた。

お二人とも、短歌創作のみならず、歌会も幾度となく実践しておられる。このお二人にお世話いただいたことは、筆を進めるにあたって強い励ましとなった。心から感謝申し上げたい。

また、実践するにあたっても同僚の力は大きかった。学年で取り組むことができた幸せ。私は皆様のお力をいただきながら、本当に幸せな実践ができたのだと、感謝の気持ちのみである。

盛岡市立桜城小学校では川村節子教諭、また、小野寺邦子研究主任（当時）にもたくさんのご支援をいただいた。花巻市立花巻小学校では照井裕悦教諭、そして一年生のこの実践をともにした平山奈子教諭（旧姓畠山）、紫波町立古館小学校では藤沢春江教諭、伊藤成哉教諭、佐藤美貴教諭、遠藤浩志教諭、本明暁子教諭、盛岡市立永井小学校では、菊池潤子教諭、菊池敏也教諭、桜台小学校では、千葉真名教諭、畑村大輔教諭、松澤春香教諭、髙橋和恵教諭の力があったからこそ、学年で取り組むことができた。ともに取り組んでくださったすべての皆さんに、ただただ感謝の気持ちでいっぱいである。

出版に際しては、溪水社の皆様のお力なしにこの一冊が生まれることはなかった。本作りの何一つも知らない私に丁寧に接してくださり、仕上げてくださった。木村逸司社長をはじめとする社員の皆様に心より御礼申し上げたい。

そして、最後になるが、拙書の報告を、書面をかりて二人にさせていただきたい。

一人は、故須藤信先生である。須藤先生（定年退職後は、矢巾町教育委員会教育長を務められた。）は、昨年令和二年十一月に九十二才でお亡くなりになった。先生は、私が初めて勤務した学校（和賀町立岩沢小学校・現在は統合され廃校となっている。）の校長先生だった。

私は、大学卒業後、東京にある民間の会社で数か月勤務し、その後、講師として岩沢小学校に勤務することになった。右も左も分からぬ、ただ若いだけの講師だった。しかも、今ならばとても言えないのだが、「校長先生、お暇ですか。もし、お暇だったら、授業教えていただけませんか。」などと宣ってしまうほど、危うい講師だったのである。

それなのに、須藤校長先生は「わっはっは」と笑い、「ほう、おもしろい人だなあ。」とおっしゃって、その後、毎週、算数と国語の授業を見ては、様々にお教えくださったのである。例えば、黒板に書く文字の大きさから、生徒指導に至るまで、温かく丁寧にお教えくださったのである。森真三の著書を始め、たくさんの書物も薦めていただいた。後に、正式に教員になってからも、たびたびご助言いただいたり、励ましたりしてくださった、須藤信校長先生に報告したかったのである。

「須藤先生、先生のお教えがあって、この本になりました。ありがとうございました。」

そして、最後の最後に、亡くなった母に。

母は平成二十九年一月二十五日に亡くなった。長く難しい病と向き合ってきた母は闘病中も口癖のように「大丈夫」と言って、逆に私を励ますこともあったほどだったが、最後の最期も、本当に頑張り屋だった。その頑張り屋の母が、「根性なし」の私を頑張らせ、最後の一文まで書かせてくれたと思っている。思い立った夏の日から二年が過ぎようとしている。その間に、様々なことがあった。一文字もかけない時期もあった。でも、やっとこの日を迎えられたことを伝えたい。

「お母ちゃん、やっと、やっと書けました。お母ちゃん、ありがとう。」

柳原　千明

二〇二一年一月二十五日（月）　母の命日に。

【解説】

画期的短歌指導本の出現

～短歌三原則【「易しい」、「作れる」、「教えられる」】を具体化した待望の書～

望月善次

「短歌は易しい」、「短歌は誰にでも作れる」は、年来の主張である。

「易しい」から、「誰にでも作れる」のだから、理念的には「誰もが、どういう人に対しても教えることが出来る」ことになる。こうした信念に基づいて、日本国語教育学会の「国語教育全国大会」等で何回かの講座も行った「そのうちの数度は、柳原千明さん（以下柳原さん）にも講師をお願いした。」。が、少数の方にしか参加者してもらえなかったこともあり、十分な効果を上げるところには達することができなかった。新しいアイディアの提示はあるが、それを敷衍することの能力が伴わない私の力量に由来するものと考えている。

こうした、隘路を切り開く画期的な書が、この柳原本だと思う。

「待望の書」とする所以である。この書の出現によって副題に示した短歌三原則【「易しい」、「作れる」、「教えられる」】は、具現化されたのである。

この待望の書が「漸く」書きあがったのは、奇しくも、お母さんの柳原ミヨ子さんの御命日の一月二十五日である。

御覧戴くように書き上げるのには、なかなか難渋したこと、本人の記している通りであるし、私もその有り様の一端は目の当たりにして来た。苦闘する柳原さんの背中をお母さんが押してくれたのである。

以下四つの点からこの本を「画期的」だとする理由を中心に述べたいと思う。

一　基盤にある「教室の教師」としての力量
～余りの凄さに立ち上がりにくかった「事件」にも触れながら～


柳原さんの特徴を、教師という観点から一言で言えば、「教室の教師」である点であろう。本書も「教室の教師」の力量を基盤として成り立っている。

それを実感した「事件」があるのだが、その具体に入る前に、柳原さんとの「出会い」に触れておこう。

柳原さんとは、日本国語教育学会・岩手支部会で学び合う仲間ではあったが、より深く学び合う様になったのは、柳原さんが「岩手県教育委員会・第一回派遣教員」として、私の研究室（岩手大学大学院教育学研究科国語科教育学研究室）に大学院生として入学してくれたからである。平成七（一九九五）年度のことであった。派遣してくれた岩手県教育委員会、直接の管轄であった紫波町教育委員会［高橋力教育長］、勤務先であった紫波町立上平沢小学校［柴田禮司、笠原久夫、吉田功各校長］の関係皆様に改めて感謝したい。

こうしたこともあり、一九九五年四月～一九九七年三月の二年間は、同期の院生諸君［瀧本康紀、土屋（上條）百合、外舘克裕］共々、学び合う時間を与えられた。

さて、柳原さんが「優れた教室教師」であることを、具体的「事件」によって示すことにしよう。その事件というのは、柳原さんと行った「立ち会い授業」のことである。

「立ち会い授業」というのは、御存じの様に、同じ教材等を用いて（同学年異学級等で）複数の教師が連続して行う授業研究法であり、「授業研究・教師力量形成」に有効な方法の一つある。柳原さん達と学び合った頃、私としてもその体験を重ねていた。

その中の一つに、岩手県岩手郡浄法寺町立浄法寺地区町教育研究会でさせて戴いた柳原さんとの授業がある。柳原さんが、大学院を修了して赴任した浄法寺小学校在任中のことであった。［朴舘祐二校長、教務主任生内勝子教諭（後、二戸市立石切所小学校校長）］。直接的には、生内教諭に多くを負ったと聞いているこの授業が行われたのは、浄法寺小学校のお隣の同町立浄法寺中学校（小原喜夫校長）一年生の学級（担任：大野由美教諭）であり、教材は、「木琴」（金井直）であった。

授業は、柳原さんが先に行い、その次に私が行う時間設定であった。その柳原さんの授業を椅子にかけて参観していたのだが、その力量の凄さに圧倒された。「授業実践力」おいては、「奥手」(1)の私であったが、流石に柳原さんの授業の力量がどんなに凄いものであるかは、体を貫く様に実感できた。「事件」としか言いようのない瞬間であった。次の時間に向かわなければならなかったのだが、余りの衝撃に椅子から立ち上がりにくい程であった。意を決して漸く立ち上がったのを今でもまざまざと思い出すのである。

こうした柳原さんの圧倒的な「教室教師的力量」は、本書の底流にもなっているものである。「教室教師」は「第一線の教師」だと言い換えても良い。第一線の教師であるから、関心は目の前の生徒に向かう。「目の前の生徒」とは、具体的に言えば、自分の学級の生徒、又は、同時に学年を組む学級の生徒となる。「学校全体」や「国や地方自治体全体」への関心は第二次的なものとなる。柳原さんは、どこまでも「教室教師」であり、「第一線の教師」である。所謂「管理職」への道を歩まなかったのは、ここに由来するのだというのが、私の解釈である。「管理」の仕事に関心も能力もなかったのに、心弱く、断り切れずに、四十代後半から七十才までの教師生活を管理職として過ごして了い結果としては、多くの迷惑のみをかけて来た私が言うのも相応しくはないかも知れないが、「教室教師」として飛びぬけた実力をもっている柳原さんの「管理職音痴」は、私でさえ「呆れるほどのもの」であることを「羨望」の思いと共に記しておこう。

繰り返す様であるが、本書は、こうした優れた「教室教師」によって生み出されたものである。（そうした意味から、柳原さんを知るのには書物からではなく、その授業を見るのが一番なのである。本書は「画期的」な一書であるが、柳原さんの力量全体からすれば、あくまでそうした柳原力量の一部である。だから、本書でも、授業の具体を示すＤＶＤなどが添付されれば良いと思うのだが、今回は叶わなかった。）

（注１）「奥手」というのは、謙遜の語ではない。実際に私の授業は、決して上手とは言えず、研究室の卒業生佐藤淳子さん（元盛岡市立緑が丘小学校校長）からは、「先生ほど授業が上達しない人も珍しいから、学校現場に出かけて行っての授業などしない方がいいですよ！」と繰り返し言われていた。また、やっと「自分程度の授業は休み時間には勝てない。」という原理が分かったのも五十代を過ぎてからのことであった。

二　短歌を作らない人による短歌指導書の意味

～「普通の教師」のものとなる短歌指導～

第二に挙げておきたいことは柳原さんは、所謂歌人でもないし、短歌を熱心に作ってもいないという点である。自身としては、短歌もほとんど作らないのである。実際、「作品としての柳原作品」を、私は目にしたことがない。

この点は、一方からすれば、「短歌指導者」としては、弱点でもある。確かに、指導の場合、その指導対象についての体験・力量なくしては、その指導の実を挙げることは困難な場合が多いことは事実である。実際、スポーツなどの監督・コーチなどを見ても、そのほとんどは、元その該当種目の選手である。短歌の場合でも、それに熱心に取り込んでいる人の多くは、（私の場合も含め）歌人かそれに準ずる人達である。

しかし、「短歌を作らない人である柳原さん」が意味するところは小さくない。「短歌（詩歌）は難しい。」という「迷信」が、教育界にも広く行き渡っているからである。この「迷信」の力は、強く「短歌は難しい／短歌は教えられない」と信じている先生方は少なくないのである。「短歌は奥が深い」などという（「学校教育」の何たるかを知らない）「専門歌人」の言がこうした迷信を補強する。教科書掲載の短歌は、こうした専門歌人か、そのアドバイスによって選択されている場合が多い。（もっとも、自分の関わっている対象に対して、「簡単ではない」と言うのは、どこの世界でも見られることだから、上の様に述べる歌人を非難しようという気は、毛頭ないことも断っておきたい。）

こうした「迷信打破」に「短歌を作らない柳原さん」が書いた本書が果たす役割は小さくない。「そうか、短歌など作らない私でも容易に短歌を教えることができるのだ。」という「希望」を多くの学校教師に与えるからである。

三　構成に沿ったコメント

以下、いくつかのコメントを（「はじめに」、「おわりに」を除く）本書の構成に沿った形で述べることにしたい。

Ⅰ　短歌はだれにでもつくることができる

この部分を通読するだけでも、多くの読者は、「短歌は誰にでも作れる」ことを実感するであろう。例えば「三　短歌をつくる三つの段階」の「短歌の下地をつくる段階（音読・暗唱で短歌の韻律（厳密には律）を体感する段階）／短歌をつくる段階／短歌を読み、歌会をする段階」の「三段階」を知るだけでも、教室における「短歌指導」は、確かな拠り所の一つを与えられることになろう。

依拠した文献や柳原さん自身が発表したものについても、ほぼ適切に列挙されているので詳細は繰り返さなくて良いだろう。

ここでは、三点だけを述べておこう。

第一は、柳原さんも挙げている（本書p. 10）坂野信彦本である。

坂野信彦『七五調の謎を解く～日本語リズム原論』（大修館書店、１９９６）である。

「（短歌・俳句等の）日本定型詩」が、五音・七音を原則とする理由が分かり易く説かれている。私自身にとっても、この坂野本なくしては、「短歌定型論」は、成立し難いものであった。学生時代の一時期時間を共有したこともある畏友坂野への思いも込めて再掲したい。

第二は、「一　短歌　二　一年生がルンルン短歌をつくる　三　短歌をつくる三つの段階　四　伝記的事実で短歌をつくる　五　クリヤファイルのやり取りで短歌をつくる　六　歌集をつくる」の下位六項目は、おおむね、柳原短歌指導実践史の跡でもある点である。

第三は、短歌定型に関する注文一つ。「〈短歌〉は、五音七音原則とする五七五七七の五つの積み重ね」というのが、私の「短歌定型論」の骨子であるが、「五音・七音」は、あくまで「原則」である。前掲の坂野を引くまでもなく、そもそも「五音、七音」は、「六音、八音」への余裕を持たす為の「(運転でいう) 遊び」なのである。だから、「五音」「七音」の指導において、「六音」、「八音」が出て来た場合はもう少し「余裕」をもって対処しても良いのではという点である。(なお、四音、六音については、子どもへの説明は単純には行かないから避けた方が適切だろう、という点も付け加えておく。)

Ⅱ　歌集「小さな歌人たち」

作品の厳選や歌集の構成については、論議のあるところであろうし、そうした論議は、当然のものでもあろう。「柳原さんとしては、芸がない」と感じる読者もあろう、しかし、柳原さんは、この章名を、本書全体の書名ともした。そうした思い入れについて、共感的に読んでくださるならアリガタイことだということのみを記しておこう。

Ⅲ 「小さな歌人たち」と会う

かつて教えた子ども達と年月を置いて会えるということは、僥倖の一つである。先ず、この僥倖を柳原さんの為に喜びたい。また、こうした振り返りは、「教育とは何か」について多くのものを教えてくれる貴重なものである。長い年月を置いて、教え子達に再び会えば、「自分の教育は、どうしたものであったか。」は、理屈を越えて分かるのである。だから「僥倖」なのである。

しかし、こうした際に、ソシュール(Ferdinand de Saussure)の「共時態・通時態」ではないが、物事における「その時」と「時間的考察」は、二者択一ではないことにも留意しなければならないだろう。柳原さんの場合においても、目の前の子ども達にどれだけ集中して取りくんだか、それが、後に子ども達にどのような評価を得たかは、二者択一の問題ではないのである。

Ⅳ 短歌はだれにでもつくることができる 再び

実質的な「まとめ」の章である。「Ⅰ 短歌はだれにでもつくることができる」と併せて読んでくださるならありがたい。

最終的には、「融合型」をよしとし、自身の開発した「短歌カウンセリング」についてさえ、「短歌カウンセリングに気をつけろ。子どもは自分がつくったのが一番いいのだ。」と自身を越えようとする。だから、「けれども、子どもができたと思って持ってきた作品は、それが最高作品なのだ。もっと最高にする必要はないことを改めて知った。」と来るのである。

「教室教師」の面目躍如といったところであろう。

つまりは、柳原短歌指導探究は、この一冊では終わらない。

「子どもは自分がつくったのが一番いいのだ。」の信念のもと、次のどうした一冊が書かれるかを楽しみにしたい。

四　学び合うことの悦楽

最後に、柳原さんと出会ったことで私自身の研究も新しい段階に入れたことを記しておきたい。本書にも記されている様に、私の研究室に所属してくれ、修士論文のテーマとして「啄木短歌の研究～『三行書き』を中心に」を選択した。「先生が啄木研究をなさっているなら、私もそれにしよっと」と、誠に無邪気なままでの素直な気持ちでテーマを決めてくれた。

言うまでもなく、啄木短歌の「三行書き」は、啄木短歌研究の中心テーマの一つである。そして、この問題は決着がついていないというのが、当時の啄木短歌研究全般のまた私自身の実態であった。私自身も、最後の決め手を求めて、十数年、核心の周囲をぐるぐると廻っていたのが実態だった。が、柳原さんが入学してきて、無邪気な選択をされた結果、どうしても結論めいたものを出さなければならないという抜き差しならない所に追い込まれたのである。その結果、現在どうしたところに達しているかの具体は、

「注2」に譲ることにするが、柳原さんの無邪気ともいえる選択の結果、追い込まれた私は、一定の結論に達することが出来、「望月短歌定型論：啄木短歌『三行書き』」の原型は出来上がったのである。「教えることは学ぶこと、学び合うこと」の悦楽を実感できたのである。拙い教師の私などを受け入れてくれた教え子の多く方々(3)と併せて、柳原さんに感謝したい。

改めて、本書が、一人でも多くの方に読まれることと、柳原さんの新しい飛躍を祈って、不十分ながら「解説」の稿を閉じることにしたい。

（注2）望月善次「『短歌定型論』再考〜『第二芸術論』決算と『短歌の誇り』回復のために〜」、『北の文学』第八〇号（岩手日報社、二〇二〇、五）。

（注3）拙い教師の私を受け入れてくれた、最初の教え子は、東京都立江戸川高校定時制の諸君であった。定時制高校の生徒は、事情が許せば、定時制ではない高校で学びたいのである。そうした条件を抱えての苦闘が、「人が生きるとはどういうことか」を教えてくれたのである。「知識は自分が教えているが、〈生きる〉点においては、どう考えても彼らの方が教師である。」ということは、素直に実感できた。左記において、彼らを「恩師」と呼んだ所以である。この「解説」も彼らの教えが底流にある。敢えてそれを記した所以である。

望月善次「【生徒>教師】体験〜恩師としての、都立江戸川高校定時制生徒諸君」、『国語科教育学はどうあるべきか』（明治図書、二〇一〇）p. 18。

以上

参考文献一覧

石川啄木『石川啄木全集第一巻』（筑摩書房　一九七八）
宮沢賢治『宮沢賢治全集3』（筑摩書房　一九八六）
外山滋比古『思考の整理学』（筑摩書房　一九八六）
望月善次編著『「石川啄木短歌」「坪内捻典俳句」他教材研究と全授業記録』『実践国語研究別冊』No.162（明治図書　一九九六）
望月善次『啄木短歌の方法』（ジロー印刷企画　一九九七）
望月善次『啄木短歌の読み方　歌集外短歌評釈一千首とともに』（信山社　二〇〇四）
望月善次編『国語科教育学はどうあるべきか』（明治図書　二〇一〇）
望月善次「『短歌』は、日本文化が世界に誇ることができる文化で、しかも『易しい』詩型である」『国語科教育』第六十七集（全国大学国語教育学会　二〇一〇）
望月善次「巻頭言　黄金詩型・恩寵詩型―気軽に戯れるべし―」『月刊国語教育研究』No.484（日本国語教育学会　二〇一二）
望月善次「短歌は難しいという『迷信』を打破したい」『教育科学国語教育』No.769（明治図書　二〇一四）
望月善次「〈短歌定型論〉から見た〈啄木（「三行書き」）短歌〉」（国際啄木学会　盛岡支部会　二〇一九）
坂野信彦『七五調の謎を解く―日本語リズム原論―』（大修館書店　一九九六）
渡辺雅子『納得の構造―日米初等教育に見る思考表現のスタイル―』（東洋館出版社　二〇〇四）

渡辺雅子「思考表現スタイルから日本の作文教育を読み解く」『国語科教育はどうあるべきか』（明治図書　二〇一〇）
宮沢賢治学会・花巻市民の会『賢治のイーハトーブ花巻―ゆかりの地ガイドブック―』第三版改訂（イーハトーブ館ショップ猫の事務所　平成16年）
柳原千明「『動物とくらす』の授業実践―短歌創作の組み合わせと再読―」『実践国語研究』No.258（明治図書　二〇〇四）
柳原千明「賢治短歌を素材とした単元『新しい賢治の世界を知ろう』―半未知情報に着目した地域文化・伝統を生かす教材の開発―」『月刊国語教育研究』No.429（日本国語教育学会　二〇〇八）
柳原千明「短歌創作活動の実際―一年生が短歌を作るまでの過程を中心に―」第七十三回日本国語教育学会全国大会小学校部会十一部会（日本国語教育学会　二〇一〇）
柳原千明「短歌を教材とした学習は小学校全学年でできる」『月刊国語教育研究』No.484（日本国語教育学会　二〇一二）
柳原千明「創作　短歌・俳句・詩・物語の書き方練習と効果ある出題法」『教育科学国語教育』No.767（明治図書　二〇一三）
柳原千明「『五七五七七―よんで　つくって　たのしんで―』の単元計画」『教育科学国語教育』No.769（明治図書　二〇一四）

キーワード索引（50音順）

児童短歌索引

あ

い

う

え

お

か

き

く

け

こ

た

ち

つ

と

な

に

ね

の

は

ひ

ふ

へ

ほ

ま

み

め

も

や

著者略歴

柳原　千明（やなぎはら　ちあき）

昭和34年　花巻市生まれ
昭和57年　獨協大学外国語学部英語学科卒業
平成９年　岩手大学大学院教育学研究科国語科教育学修了
　　　　　紫波町立日詰小学校　浄法寺町立浄法寺小学校　盛岡市立桜城小学校　花巻市立花巻小学校など県内の公立小学校に勤務
現　　在　花巻市立桜台小学校に勤務
日本国語教育学会　全国大学国語教育学会　国際啄木学会　宮沢賢治学会などに所属

小さな歌人たち
――短歌はだれにでも易しい――

二〇二一（令和三）年一一月一五日　発行

著　者　柳　原　千　明
装　丁　髙　橋　圭　子
発行所　株式会社　溪水社
広島市中区小町一－四（〒七三〇－〇〇四一）
電話（〇八二）二四六－七九〇九
ＦＡＸ（〇八二）二四六－七八七六
e-mail : info@keisui.co.jp
URL : www.keisui.co.jp

ISBN978-4-86327-566-9　C3081